ビジネスケアラー

働きながら親の介護をする人たち

酒井 穣

ディスカヴァー携書

249

本書は２０１８年１月に小社より出版された『ビジネスパーソンが介護離職をしてはいけないこれだけの理由』を大幅に加筆修正した新版です。

はじめに

団塊世代が介護突入、大介護時代の到来

人口ボリュームの大きい団塊の世代が、2025年には75歳以上の後期高齢者となります。そして75歳以上になると、急速に介護を必要とする人（要介護者）の割合が増えます。日本においては2025年が、介護問題の爆発の年となるのです（2025年問題）。

大介護時代の到来です。

団塊の世代とは、第一次ベビーブーム（1947～1949年）に生まれた800万人を超える「人口のかたまり」です。日本の歴史に対して、非常に大きなインパクトを持ってきました。この世代の給与がピークにあったとき、日本で大きな「バブル経済」が起こりました。

そしてこの世代が現役を退いていく中で、日本は「失われた30年」に苦しんだのです。かつての「バブル経済」や「失われた30年」と同等か、それ以上のインパクトが2025年以降の日本で「団塊の世代の介護」として発生することになります。

ビジネスケアラー＝働きながら介護する人

この2025年以降で注目されるのが、「ビジネスケアラー」の存在です。**「ビジネスケアラー」とは、「働きながら介護をする人」「仕事と介護を両立している人」という意味です。**

左図を見てください。これは、弊社の独自調査（サンプルサイズ3万8778人）をベースとした、「現在、仕事と介護の両立をしているビジネスケアラー」と、「いつ介護が始まってもおかしくないと想定されるビジネスケアラーの予備軍」に関する最新データです。

現在進行形のビジネスケアラーだけに注目すれば、すでに45〜49歳で20人に1人、50〜54歳では8人に1人が当事者です。そのうえ予備軍まで含めると、この問題が社会レベルで重要なものであることがはっきりと認識できると思います。

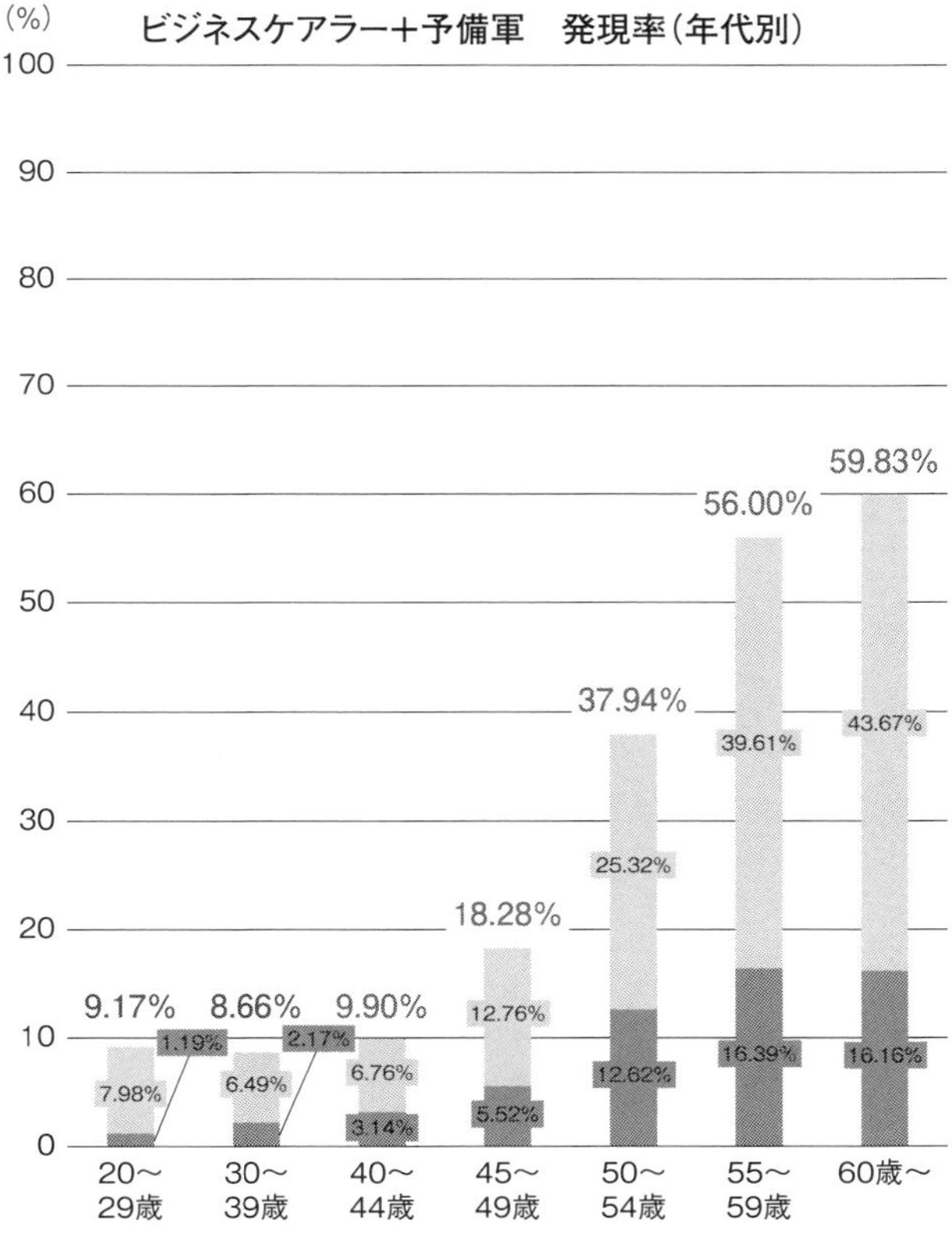

いつ介護が始まってもおかしくないと想定されるビジネスパーソン

すでに要介護認定者を日々サポートしながら、仕事をしているビジネスパーソン

ビジネスケアラー予備軍（グラフ：薄いグレー）
- ✓ ご本人の認識はないが、すでに介護をしている人
- ✓ 介護体制を加味すると、近くサポートが必要になる人
- ✓ 身体状況を加味すると、近くサポートが必要になる人

など

これこそが、人類史上かつてない高齢化の現実なのです。数年以内に、とんでもない数のビジネスケアラーが、日本全体の生産性問題の真因として、大注目されるようにもなるでしょう。

ビジネスケアラーが、日本企業で急速に増加すると予測されます。

経済産業省は、２０２３年３月、２０３０年には家族介護者が８３３万人にのぼり、さらには、ビジネスケアラーが３１８万人になるとの予測を発表しています。

そもそも、少子高齢社会で人材が不足している状況で、管理職として活躍している人材も多い40〜50代の人間が介護でパフォーマンスを大幅に低下、あるいは離職してしまっては、日本経済の生産性の面でも困るのは自明です。

ビジネスケアラーがどうやってうまく仕事と介護を両立させていくかは、個人の問題でもありますが、日本社会全体の問題でもあるのです。

家族介護の担い手減少——兄弟姉妹が少ない、未婚化、共働き化

ここで、ビジネスケアラーの中心となる現代の40〜50代は、過去の40〜50代とは異なり、

未婚率も高く、兄弟姉妹が少ないという点も無視できません。ですから、介護が始まったとき、昔よりも介護の負担を親族で分散しにくいという特徴があります。

さらに専業主婦が減っていることも、この問題に拍車をかけています。

また、20~30代の若手にもビジネスケアラーが発生している背景は、晩婚化によって親子の年齢が昔よりも離れていることと、孫として祖父母の介護に直接・間接に関わるようになっていることがあります（10代以下でも介護に関わるヤングケアラー問題も同じ）。

兄弟姉妹が少ない時代には、子どもだけで親の介護をこなすことが難しく、孫もまた、介護のリソースとして駆り出されることになるのです。

これからは、**仕事をしながらの介護を、とにかく昔よりもずっと少ない人数で担当する時代**なのです。

そうした人が増えている今、介護離職をしたり、介護離職までには至らなくても、多くのビジネスケアラーがパフォーマンスを低下させてしまう未来は、避けられそうもありません。

企業も危機感を持ちはじめた

東京商工リサーチが民間企業7391社に対して実施した調査では、これから介護離職が増えると回答した企業は5272社（71・3％）にもなりました。企業はそれだけ危機感を持っており、介護離職を防止するための施策を考えて実装しはじめています。ただ、日本の経済状況は決して良くないため、こうした対策に対して予算を振り向けられる企業は限られています。

また、企業としても、仕事と介護の両立問題に直面するのはこれが（ほとんど）はじめてのことです。知識も足りませんし、法改正も多く、ついていくのがやっとという状況なのです。さらに事例も（まだ）少ないことから、どうしてもすべての対応が手探りになります。

結果として、企業が従業員のために準備してくれる仕事と介護の両立支援制度は、まだまだ未完成な状態です。残念ですが、法律で定められている介護休業制度をなんとか整えて、簡単な介護研修の提供にとどまっている企業がほとんどというのが現状です。ただし、経産省は本気でビジネスケアラー支援の強化を進めようとしており、今後は、この状況は改善する可能性も高まってきています。

本書を手にとられた人の中には、「そろそろ親の介護が必要になるかも」と思っているビジネスケアラー予備軍の人もいるでしょう。希望もあります。

とにかくまずは、あなたが勤務している企業もまた、介護離職や介護によるパフォーマンスの低下を恐れているということは知っておくべきでしょう。そして、今まさに企業は、介護離職や介護によるパフォーマンス低下防止のための、より優れた施策を検討し、設計し、実装しているところでもあります。

今はまだ、あなたが勤務する企業では、そうした制度が充実していないかもしれません。しかし場合によっては、現在ビジネスケアラーとして仕事と介護の両立をしている人をテストケースとし、その人に合わせた支援制度を構築してくれる可能性もあります（実際に私は、複数の企業において、両立支援制度のパイロットテストにコンサルタントとして参加しています）。

育児と介護は違う

一方、ビジネスケアラー予備軍の人にも課題があります。
まだ介護について理解が進んでいない人と話をしていて、驚かされることがあります。それは仕事との両立において「育児も、介護も、同じようなもの」という誤解がとても多いということです。

実際に介護を経験すれば明らかなのですが、これは、完全に間違いです。育児と介護は、似ているどころか、むしろ正反対とも言えるほど、異なっています。

左ページの表を見れば、育児と介護の違いがはっきりとわかると思います。そもそも介護の場合は一般的に、大きく次の3つの特徴があります。

1　情報が足りない

2　考える時間が足りない

3　職場に相談できるネットワークがない

介護
自分として経験したことがないため、何がいつ必要になるのかなど、全体を把握するためのヒントもない。
ある日突然始まるため「仕事との両立」について考えている時間がまったくない。
「仕事との両立」に必要となる時間的・金銭的負担がまったく予測できない。
時間がたつと、負担が大きくなっていくように感じられる。「仕事との両立」がいつできなくなるかもわからず不安。
デイサービスなどの提供時間は、フルタイムで働くビジネスパーソンには配慮されていないことが多い。
職場で介護を公言する人は少なく、相談できる人も見当たらない。介護休業なども、同僚から本当の意味での理解を得にくい。

育児
自分にも子ども時代があり、自分が通ってきた道に近いところを子どもも通るため、全体を把握しやすい。
妊娠～育児休暇が終わるまで「仕事との両立」について1年以上考える時間がある。
「仕事との両立」に必要となる時間的・金銭的負担を見積もることが比較的容易。
時間がたつと、負担が小さくなっていくのが普通。「仕事との両立」が難しい時期もだいたいわかる。
保育所の開所時間は、ある程度まで、働く親の勤務時間に配慮されていることが多い。
職場に育児経験者が多く、必要であれば日常的に相談できる。「仕事との両立」を実現し、育児を卒業した先輩も多いため、職場で理解と同情が得られやすい。

（参考：みずほ総合研究所、『介護と仕事の両立支援の課題』、2013年12月20日）

それに加えて、育児は、前ページの下表に示したように経験されます。また育児は、辛いながらも、子どもの成長から仕事のモチベーションを得ていくことが可能でしょう。対して介護は、そこから仕事のモチベーションを得ることは難しいということも考えておく必要があります。

誤解を避けるために付け加えておきますが、育児が簡単だとか、そういうことが言いたいのではありません。そうではなくて、育児と介護はまったく違うということを認識し、それぞれに異なる対応の戦略が必要だということです。

「介護は、始まってからネットで調べればいい」の落とし穴

ここで「介護は、それが始まってからネットで調べればいい」と考えているとするなら、本当に危険な状態です。そこには、ダニング＝クルーガー効果（Dunning-Kruger effect）が働いている可能性が高いからです。

ダニング＝クルーガー効果とは、自分自身を客観的に観察する力が養われていない人が、自分のことを現実よりも高く評価してしまう心理的なバイアスを指す言葉です。「検索があるから、知識はいらない」といった、特に、インターネット検索の登場以降に注目され、広く問題視されはじめています。

何か知りたいことがあれば、検索をするという行為は、たしかに、私たちの生活を豊かにしました。同時に「インターネットさえあれば、勉強しなくてもなんとかなる」という誤解を広げてしまったという見方があります。近年であれば「Ｃｈａｔ（チャット）ＧＰＴに質問をすればなんとかなる」とも考えられているかもしれません。

しかしインターネットは、知識のない人に対して、知識を授けるツールではありません。そもそも言葉を知らなければ、検索をすることも、質問をすることもできないからです。なんとなくの思いつきで検索をすれば、質の低い知識しか得られないという、むしろ知識の格差を広げるようなツールにすらなってきています。

この格差の前提となるのは、

1　自分は知らないという認識
2　知りたいという好奇心
3　情報の信頼性を判断するリテラシー

の3つだと考えられます。これらは、勉強することを通してのみ向上していくものであり、その前提がそろっている人にとっては、インターネットはポジティブな魔法の箱になりえます。

しかし、これらの前提が崩れている人にとって、インターネットは、どこまでもダニング=クルーガー効果を助長してしまう可能性があるのです。「困ったことがあっても、インターネットがあれば大丈夫」という認識になってしまえば、インターネットは自分の勉強の手段ではなく、自分の能力を肩代わりしてくれるものに感じられてしまうからです。

知識があれば、介護の負担はかなり減らせる

例えば、認知症になった人の資産は凍結されるという事実をご存じでしょうか。父親が認知症になった場合、父親の銀行口座は凍結され、そこから生活費はもちろん、医療・介護の費用も引きおろせなくなります。土地建物の権利者がその父親だった場合も、それを売却したりすることができなくなります。

こうしたことを、実際に親が認知症になってから知っても遅いのです。当たり前ですが、人生においては、困ってからでは遅いことはたくさんあります。

介護についての知識があれば、介護の負担はかなり減らすことが可能です。

親が認知症になる前に、家族信託などの対応をしておけばお金の問題は減らせます。親が認知症になった後であっても、成年後見人制度を活用すれば、結構な金額の手数料がかかるものの、凍結された資産へのアクセスも（かなりの制限はありますが）可能です。

しかし、こうした知識がないと介護の負担は下げられず、結果として介護離職にも至りやすくなります。

いざ、自分の親に介護が必要になったとして、それから「介護　どうすれば」などと検索しても、タイミングとして手遅れだったり、本当に必要な知識にはたどり着けなかったりもします。

「要介護認定」という言葉さえ知らないと、どうなる?

そもそも、自分が巻き込まれているのが介護であるという認識を得るだけでも、それなりの知識が必要です。運がよければ、周囲の誰かから「要介護認定を申請したほうがいいよ」と教えてもらえるかもしれません。しかし、そうしたアドバイスが受けられないまま「要介護認定」という言葉さえ知らないと、どうなるでしょう。

もしかしたら、掲示板に書き込むことで、問題の解決には近づけるかもしれません。しかし「自分が何を知らないのか」がわからない状態で、的確な質問ができるでしょうか。非常に危険だと言わざるをえません。

自動車を見たことのない人に「何が欲しいですか?」と聞けば、その人は「もっと早い馬が欲しい」と答えてしまうかもしれません。その人は「馬」「早い」と検索して、本当に正しい答えにたどり着けるでしょうか。

例えば、認知症の在宅介護に苦しんでいるとするなら、小規模多機能型居宅介護（認知症の在宅介護に特化されたプロ集団組織）を検討する必要があります。

しかし、この介護サービスの名前を知らなければ、在宅介護はもう限界だから、老人ホームを検討しようという短絡的な結論になってしまうかもしれません。そのまま、老人ホームを検索することが、本当に正しい行動なのでしょうか。

病気でも、介護でも、問題の早期発見と早期対応が重要になります。病気については、自覚症状が出たり、健康診断の結果などから、病院に行けばなんとかなることも多いでしょう（本当は予防することが大事なのですが）。

しかし、介護というのは、どこからが介護なのかの判断さえも難しいものです。特に、そうした介護の初期段階にあれば、検索のための基本的なキーワードさえわからないでしょう。

「知は力なり」――介護について勉強する

とにかく、ほとんどの人が、人生のどこかで、介護に関わることになります。そして「そのときになってからインターネット検索をすればなんとかなるだろう」という認識は間違っています。だからこそ、少しずつでもかまわないので、可能であれば介護が始まる前から、介護の知識（エイジング・リテラシー）を学んでいただきたいのです。そして実際に、人類史上かつてない高齢化をしている日本では、介護について勉強をする人が増えてきています。

日本には「認知症に対する正しい知識と理解を持ち、地域で認知症の人やその家族に対してできる範囲で手助けする」ことを目指す認知症サポーターという人たちがいます。この認知症サポーターの数は、合計で1400万人を超えています（2023年3月31日の時点で1451万5636人）。認知症サポーターは、すでに日本の全人口の10％を超えており、少しずつではありますが、介護についての基礎知識を持った人も増えてきているのです。

介護の知識について自信がない人は、一度は、暮らしている自治体が主催する介護セミナーなどに足を運んでみてください。それこそ、認知症サポーター養成講座でもよいでしょう。

いつの時代も、インターネットの有る無しにかかわらず「知は力なり」なのです。

介護は、ある日突然、始まる

介護は、ある日いきなり、ほとんど無知の状態から始まります。

今この瞬間に、あなたの携帯に電話がかかってきたとします。

「お母さまが倒れました。これから緊急手術になります。手術が成功しても、身体には麻痺が残り、介護が必要になるかもしれません……」

さて、あなたはどうしますか?

本書は、将来ビジネスケアラーとなる予備軍の方が仕事と介護をうまく両立させ、パフォーマンス低下および介護離職のリスクを下げるためのノウハウ・指針を提示することを目的として執筆されています。

また、仕事と介護を両立する人＝ビジネスケアラーの存在がもっと日本企業に認知され、ビジネスケアラーが企業の中で重要な戦力であり続けることを願って執筆されております。

第1章では、介護は仕事と両立させるものであって、介護が理由で仕事を辞めてはいけないことについて書いています。介護で仕事を辞めてしまうと、介護する人の人生は大きく変わります。これからの時代は「ビジネスケアラー」として、働き続けることが重要で、そのために大切な基礎知識を中心に構成しています。

第2章は、ビジネスケアラーとして仕事と介護を両立する方法です。ビジネスケアラーとして両立させるためには、介護の負担を抱え込むことなく分散させることが大切です。その基本的な方法について書いています。

第3章は、ビジネスケアラーとしての指針についてです。どうしても介護はネガティブにとらえられがちですが、どうせ介護に携わるならネガティブだけでとらえていてはもったいない。ポジティブに肯定的にとらえるための指針についてお伝えしています。

ビジネスケアラー予備軍の方はもちろんのこと、経営者、管理職、人事担当者の方も、ぜひ関心を寄せて、一緒にこの問題を考えていきましょう。

2023年　6月

酒井　穣

ビジネスケアラー
働きながら親の介護をする人たち
◉目次

はじめに——3

第1章 ビジネスケアラーの新・常識

常識1 介護で仕事を辞めたら、再就職できず、再就職できても年収は男性4割、女性5割減少——31

常識2 介護の負担額は平均月7万〜8万円、想定している介護期間は平均14年——34

常識3 介護を理由に仕事を辞めたとしても、介護の負担は逆に増える——40

常識4 「介護離職は親孝行」ではない、「ビジネスケアラーは親不孝」でもない——46

常識5 離職前に「誰にも相談しなかった」が約半数、離職する人は介護に関する知識不足――56
常識6 仕事がうまくいっていないときに「親の介護」を言い訳に離職するのは危険――64
常識7 親と同居で「離婚」「認知症」のリスク増。同居すると受けられない介護サービスも――69
常識8 介護で虐待しやすいのは息子か夫で、同居するなど常時接触のパターンが多い――74
常識9 身体介護をしなければ仕事と両立できる可能性が高まる――81
常識10 介護は1人で抱え込まず、チームでやるのが原則――86

第2章 仕事と介護はこう両立させる

方法1 介護職（介護のプロ）に人脈を作る――96
介護の負担を減らすには、
介護サービスに関する知識が必要――96
介護初期の「介護パニック期」に注意――99
現代社会において「知識」は力――101
介護をする家族の負担を減らすという視点――105
都市部では、介護人材不足が深刻に――107
労働力不足の日本では、
ビジネスケアラーの生産性向上の方向に改革を――110
とにかく1人、優秀な介護のプロに出会う――113
方法2 家族会に参加する――115
家族会という奇跡的な成功事例がある――115

セルフヘルプ・グループにおける「わかちあい」――118
特に男性には家族会に参加してもらいたい――120

方法3 職場の支援制度と仕事環境の改善に参加する――126

介護と両立しやすい仕事の特徴を知り、評価・改善に関わる――126
職場環境をより両立しやすい状態に改善していく――129
AIに奪われない仕事は、仕事と介護の両立がしやすいかもしれない――131
「高プロ」人材を目指す――133
介護休業制度を理解し、上手に活用する――136
介護休業を長期でとるのはおすすめしない――137
介護離職のボーダーラインは、平日平均2時間、休日平均5時間――140

第3章 介護と肯定的に向き合う

指針1 介護とは何かを問い続ける――149

「自立」とは何か――149

介護は「自立支援」である――153

「生きていてよかった」と感じられる瞬間の創造――156

中核症状と周辺症状の違いを理解し、周辺症状に挑む――167

社会福祉の理想である ノーマライゼーションに参加する――170

指針2 親と自分についての理解を深める――178

認知症を覚悟しておく必要がある――178

親には名前があり、その名前での人生がある――183

目標のある人生を歩むということ――187

指針3

人生に選択肢がある状態を維持する――190
「仕事を辞める」しか選択肢がないと考える場合――190
選択肢としての「生活保護」について――192
高齢者福祉の3原則（アナセンの3原則）――195
シーシュポスの神話――199
管理職への道をあきらめるとき――202
「介護とは何か」を伝えられる存在に――204
おわりに――207

第1章

ビジネスケアラーの新・常識

時間は最も貴重な資源であり、それを管理できなければ、他の何事も管理することはできない。

―ピーター・ドラッカー

常識1 介護で仕事を辞めたら、再就職できず、再就職できても年収は男性4割、女性5割減少

例えば、介護のために仕事を辞めてしまった場合、再就職までにかかる期間はどれくらいだと思いますか？

この期間として統計的に最多となっているのは1年以上です（男性の38・5％、女性の52・2％）[1]。1年以上も仕事から離れていて、条件のよい就職先が見つかると思いますか？

現実として、運よくあらたな職場を得たとしても、**収入は男性で4割減、女性で半減するというデータ**があります[2]。

介護を理由に仕事を辞めるなら、まず、1年以上収入が途絶え、再就職できたとしても今の半分程度の年収になっても生きていけるだけの貯金が必要です。貯金が足りないまま

辞めてしまえば、親が資産家でもないかぎり、あなたは生活保護を申請することになります。

ご存じのとおり、生活保護は、申請さえすれば簡単に受けられるというものでもありません。仮に住宅ローンや自動車ローンが残っていれば、そうした資産を手放すことになり、一家離散という可能性さえ出てくるのです（脅しではなく、現実です。個人的にも、こうして一家離散したケースを複数聞いています）。

介護は、いちど始まると、いつ終わりになるか予想ができません。子育てとは真逆で、介護は、時間とともに負担が増えるという特徴もあります。

介護期間の目安となるのは、平均寿命から健康寿命（心身健康でいられる年数）を引いた年数です。日本でこれは、だいたい10年程度（男性8・7年、女性12・1年／2019年）になります。[3] ですから**介護生活は、少なくとも10年は続くことを想定しておく必要**があります。

しかも、この期間のうちに、老化をともないながら、親の健康状態は悪化していくのが普通です。はじめは半身不随などの身体的な問題だったところに、認知症（重度化すると意思の疎通ができなくなる）も重なってきたりします。

仕事を辞め年収が半分になって10年も経つと、ビジネスケアラーとして働き続けた場合からは想像もできないほどの貧困になります。

さらに今後の日本は、物価高になっていくと予想されています。いつ終わるともしれない介護に悩まされながら金銭的にも厳しくなると、精神的な余裕がなくなり、虐待にもつながることもあります。

あなたの親は、自分の愛する子どもが、自分の介護のせいで、そうした状態になることを本当に望んでいるでしょうか。

常識2
介護の負担額は平均月7万～8万円、想定している介護期間は平均14年

金銭的な話をすると「うちの親にはそれなりに資産があるから大丈夫」と考える人もいるかもしれません。しかしそれは、本当でしょうか。先回りしておきますが、介護には相当なお金がかかり、仮に資産が十分にあったとしても、大丈夫ではありません。

そもそも、介護にかかるお金（介護保険でカバーされない自己負担部分）がいくらくらいになるのか、誰もが不安に思っているでしょう。

これを実際のデータで見ると、バリアフリー化や介護ベッド、緊急対応の交通費や宿泊費といった**初期費用（一時費用／自己負担）としてかかっているのは、平均で80万～90万円程度**でした（この数字はバラツキが大きいため注意も必要です）。また、**毎月かかっている費用（自己負担）は、平均で7万～8万円程度**になります[4]。

脅しではなく、**日本の社会保障は、少子高齢化と税収の低迷を受けて、劣化していくでしょう。**ですから、**このような介護にかかるお金の平均もまた、今後、必ず上がっていきます。**そのうえ、おそらくは物価も上がっていくことになるのです。

冷静に考えれば、これからの介護の費用が実質的に上がっていくことは、想定に入れておく必要があることがわかるでしょう。

それでは実際に、介護をしている人々は、どう考えているのでしょう。

まず、実際に想定されている介護期間の平均は、１６９・４カ月（14年１カ月）でした。先に10年は想定しておくべきであることを述べましたが、多くの人は、それ以上の期間を想定して準備しているのです。なんとなく、子育てと同じ程度の期間が想定されていることは興味深いですね。

もちろん、実際にこれだけの期間がかかるかどうかは、それぞれに事情が異なるため、なんとも言えないところではあります。ただ、平均的には、それだけの期間の見積もりをしているという点には意味があります。

客観的に考えると、毎月の実質的な費用（自己負担）となる平均7万～8万円が、169・4カ月間かかり続けることを想定するのが普通ということです。

ここから**介護のランニングコストは、合計で約1186万～1355万円**となります。初期費用も考えれば、1266万～1445万円の費用です。

かなりの大金ですが、しかもこれは平均であって、運が悪ければもっとかかることも考えておかなくてはなりません。

さらにこの想定では、介護が必要になる人が1人という計算になっていることにも注意してください。**両親同時に介護が必要になるケースも多数あり、その場合は、単純に2倍とはならないものの、2000万円以上の準備が必要**になると考えられます。

ピンピンコロリと、介護を必要とせずに亡くなる人（急死）は、全体の5％程度に過ぎません。基本的には、誰もが、何らかの介護を受けながら亡くなっていくと想定しておくべきでしょう。

しかも、ここまでの話は、あくまでも介護にかかる費用に関することに限定されています。このほかにも家賃や住宅ローン、生活費や各種税金などのためのお金も必要になることを忘れないでください。長い闘病生活などがある場合もまた、想定しておくべき費用は大きくなります。

ここで、日本の高齢者の貯蓄額は、世帯平均で１２６８万円です。[5] この数字だけを見ると、意外と貯蓄があるように感じられるかもしれません。これだけの貯蓄があれば、年金と合わせれば、２０００万円程度の介護費用はなんとかなりそうにも感じられます。

しかしこの数字は、富裕層が押し上げているにすぎません。実際に、貯蓄額が１０００万円以下の世帯は、全体の過半数（57・９％）になっています。生活費のことを考えれば、約６割の高齢者が、介護のための費用が準備できていないと結論づけることができるのです。

ここまでの話を総括すると、

・**親に2000万円を超える預貯金があって年金もしっかりもらえている**
・**両親が同時ではなく、どちらか一方の介護だけが必要**

という条件が成立するときだけ、ギリギリではあるものの、親の介護のために子どもがお金を持ち出す必要がない可能性もあります。

ただ、この2つの条件が当てはまる人は少数というのが現実です。仮に、この2つの条件に当てはまる場合でも、生活レベルが高く、毎月の出費も平均以上ということであれば、安心はできません。

親の介護費用は、親の年金や預貯金でやりくりするのが基本です。しかし現実には、親の介護のために子どもがお金を持ち出すというのは、程度問題ではあれ、まず避けられません。

そんなとき、自分が介護で仕事を辞めていたらどうなるでしょう。自分の収入が途絶えていたら、持ち出すお金もありません。そうなれば、親の介護は、介護のプロにお願いすることもできず、自分の手でやらなければならなくなるでしょう。

それでも、なんとか自分の手で介護を乗り切れたとしましょう。しかし将来、いざ自分自身に介護が必要になった場合は、どうするのでしょう。誰かに介護をしてもらう必要が出てきたとき、自分のための貯蓄が不十分であれば、一体、誰に自分の介護をお願いするのでしょう。

親の介護に対してお金を持ち出すためだけでなく、将来の自分自身に必要となる介護のお金のためにも、介護離職という選択肢は、非常に厳しい（とても贅沢な）ものになります。

常識3
介護を理由に仕事を辞めたとしても、介護の負担は逆に増える

介護を理由に仕事を辞めた人の約70％が、経済的・肉体的・精神的な負担は「かえって増えた」と回答しています[6]。

介護で仕事を辞めてしまった場合、自分の収入が途絶えます。介護にお金がかかるのに、自分の生活費でさえままならなくなります。しかも、これからの日本では物価も上がっていきます。

また仕事を辞めて介護を自分の手で行うと決めた場合、肉体的な負担が増すのも当然でしょう。こうして**金銭的にも肉体的にも追い詰められた結果として、精神的にも厳しくなっていきます。**介護を理由としてメンタルヘルス不調を起こす人は、約25％（4人に1人）にもなるというデータもあるのです[7]。

ビジネスケアラー（仕事と介護の両立）の道が難しいと考え、負担を少なくしたいと思って退職しようとしているなら、それは恐ろしい誤解です。その決断が生み出す最悪のループは、次のようなものです。

（第１段階）再就職先が決まっていないまま退職
（第２段階）想定以上に医療費や介護費がかさむ
（第３段階）生活苦となり、介護サービスを利用するお金もなくなる
（第４段階）介護サービスを受けられないため、自分で介護をする
（第５段階）時間的余裕がなくなり、再就職の選択肢がせばまる
（第６段階）第３段階に戻る（以降、最悪のループに入る）

この最悪のループに入ると、精神的・肉体的・経済的な負担は、時間とともにどんどん大きくなっていきます。そして、一度こうなってしまうと、そこから抜け出すのはとても難しいのです。

2018年6月2日に放送されたNHKスペシャル『ミッシングワーカー 働くことをあきらめて…』では、こうした介護離職などを理由として、労働市場への再起ができなくなった人（ミッシングワーカー）が、当時の時点で100万人以上いるという衝撃の事実が明らかにされています（介護離職だけが理由ではない点には注意も必要ですが）。

この最悪のループから抜け出すために必要になるのは生活保護です。一度、ミッシングワーカーになってしまえば、一時的に生活保護を活用し、介護サービスなどを利用しながら、就職先を探すしかなくなります。

しかし、生活保護は、ただ申請すれば簡単に受けられるようなものではありません。今後、日本の財政がさらに悪化していけば、生活保護の認定条件が厳しくなり、受給できたとしてもその内容は貧弱になっていくでしょう。

ここで、自分が介護離職をしたとしても、金銭面で、兄弟姉妹や親族などの協力を得れば、総じて負担が減らせると考える人もいるかもしれません。しかし介護離職をした後も、現在は得られている協力が、引き続き同じように得られるとは限りません。ここには、リンゲルマン効果と呼ばれる心理学的なブレーキが働く可能性があるからです。この心理学的なブレーキについて、少し詳しく考えてみます。

このリンゲルマン効果が知られるきっかけとなったのは、リンゲルマン（Ringelmann, M）自身による報告ではなく、ドイツ人のメーデ（Moede, W）の論文（１９２７年）中で「興味深い研究」として掲載されたことがきっかけでした。[8]

リンゲルマンは、１人、２人、３人、そして8人という4つの集団（被験者）を作り、それぞれに綱引きをさせて、そのときの引っ張る力を測定したそうです。結果としては、１人の場合で63kg、２人の場合で１１８kg、３人の場合で１６０kg、そして8人の場合で２４８kgとなりました。

当然のことながら、集団を構成する人数が増えれば、綱引きの力は上がりました。ただ、全員が綱を必死に引けば、２人の場合では、１人で綱を引いたときの2倍、３人で3倍、

8人では8倍となるはずです。

しかし、この結果を分析してみると、1人で引いたときの力を100％（63kg）としたとき、2人ではそれぞれが93％（118÷2＝59kg）、3人では85％（160÷3＝53kg）、そして8人ではなんと49％（248÷8＝31kg）になっていたのです。

特定の目標を共有する集団のサイズは、それが大きくなるにつれて、集団の構成員1人あたりの能力発揮が劇的に低下するということです。これは、非常にショッキングな事実であっただけでなく、なんとなく誰もが知っていたことでもありました。そのため、この事実はリンゲルマン効果（リンゲルマン現象）として世界的に有名になったというわけです。

当然ですが、**介護の現場においても、このリンゲルマン効果を観察することが可能**です。むしろ介護は、多くの人が本音では「関わりたくない」と考えていることです。ですから、介護の現場におけるリンゲルマン効果は、当たり前に見られる現象なのです。

兄弟姉妹や親族の多い家族において、誰が親の介護をするのかという話は、トラブルになりやすいテーマです。このテーマでは、だいたいにおいて、特定の1人が（主たる介護者として）多くの介護負担を引き受けてしまいます。他の兄弟姉妹や親族は「自分も介護に貢献する」と口では主張したとしても、そこにリンゲルマン効果が起こりやすいことは明らかです。

介護の負担を兄弟姉妹や親族と分け合うということは、ある意味で、1つのケーキをどのように分けるかに似ています。あなたが仕事を辞め、大きな負担を引き受けるということは、他の兄弟姉妹や親族は、より少ない負担で間に合うということでもあります。

ですから、**自分が介護を理由として仕事を辞めた後は、現在はなんとか介護に協力してくれている兄弟姉妹や親族が、実質的には介護から身を引いていくという可能性も想定しておかないとなりません。**

常識4
「介護離職は親孝行」ではない、「ビジネスケアラーは親不孝」でもない

実際に介護で仕事を辞めてしまった人と日常的に接している、ある介護職（30代・男性）に話を聞く機会がありました。

まず彼は、1人の介護職の意見として「介護離職は、必ずしも悪いことではない」と言います。介護をしている人は、それぞれ事情が異なるため、どうしても介護で仕事を辞めざるをえないケースを実際に見ているからです。本当に仕方のないことに、良いも悪いもありません。

しかし、介護職として、多数の人を観察する中で「それで仕事を辞めるのはおかしい」と感じることもあるそうです。

このケースに共通するのは「親孝行」という言葉です。彼は、この言葉には、自他ともに介護離職を正当化するだけの魔力があると言います。

少なからず「親孝行をするために、介護に専念したい」と言い、仕事を辞める人がいます。周囲も、そう言われたら否定しにくいでしょう。そうして介護離職した人は、はじめのうちは、この決断に満足しているように見えるそうです。

しかしそれは、時間とともに確実に変わっていくのだとか。

そもそも「親孝行」の「孝」とは、儒教の根本をなす「子どもは、親に忠実に従うべし」という思想を表した言葉です。古代の人類が持っていた祖先崇拝（先祖を神とすること）が発展し「年上を絶対的に敬うべし」という方向に発展したと考えられています。

現代社会において、そのまま「子どもは、親に忠実に従うべし」「年上を絶対的に敬うべし」というルールが重要だと本音で考える人は少ないでしょう。

ただ、こうした考え方は、現代の日本にも色濃く影響を及ぼしている点は疑えません。

人類史上かつてない高齢化の時代、新常識が求められる今だからこそ、古くから存在してきた常識としての「親孝行」は、危険視する必要があるのです。

あえて、より現代的な「親孝行」を考えるとするなら「自分が親だったら、自分の子どもに本当にしてもらいたいことをする」ということになるかと思います。

もちろん、1人で寂しい思いをするよりは、近くに子どもがいてくれたほうが嬉しいというのは親の本音です。しかし、愛する子どもに、自らのキャリアをあきらめさせることまで、本音で望む親がいるでしょうか。子どもに大きな迷惑をかけてしまうことを、親として嬉しいと感じるでしょうか。

毒親（子どもの人生に意図的な悪影響を与えるような親）でもないかぎり、それは「行きすぎ」だと感じるのが普通でしょう。もしかしたら「親孝行」の魔力を求めているのは、親ではなくて、自らの介護離職を正当化したい自分なのかもしれません。目の前の仕事から逃避するために「親孝行」という方便を使ってはいないか、よくよく自問自答する必要があります。

誰でも、１人で寂しく暮らしている親の姿を見れば、心が動きます。そうした親を見たときに「親孝行をするために、介護に専念したい」と感じる人も多いでしょう。しかし、このときに注意すべきなのは「介護に専念するとはどういうことか」を、どこまで具体的に想像できているかです。

介護は、数年で終わらないことがほとんどです。覚悟として少なくとも10年は考えておくべきなのは先に述べたとおりです。そうした長期間にわたる介護を、本当に具体的にイメージできているでしょうか。

介護で仕事を辞めることを考えるなら、少なくとも、経済的にも10年という期間を無収入で生きていけるのかは、しっかりと見積もるべきでしょう。さもないと、生活保護の窓口に立って「こんなはずではなかった」と後悔することにもなりかねないからです。

「親孝行をしたい」という気持ちは、大事かもしれません。しかし、生物学的には、こうした利他的な行動は「ハミルトンの規則[9]」に従っており、無制限に行えるものではないことが明らかにされています。利他的な行動を前提とした介護だからこそ、ただ「親孝行をしたい」という気持ちだけでは、長期的には続けられないのが自然なのです。

「親孝行をするために、介護に専念したい」という気持ちは、実際に介護をすると、長くても数年で消えます。お金も足りなくなります。心身もやつれてきます。しかし、そうなってからビジネスの現場に戻りたいと思っても、ブランクが長くなればなるほど難しくなります。戻れたとしても収入は激減し、正社員にはなりにくいというデータもあります。

もちろん、例外はあります。**「看取《みと》り」のように、残された時間が少ない場合などが、そうした例外の典型例**です。看取り段階では、むしろ、介護に専念できなかったことを後悔することになるかもしれません。ただしこれも、ケース・バイ・ケースであることは、あらためて強調しておきたいです。

仕事を辞めず、仕事と介護を両立させているビジネスケアラーは、「親不孝」ということにはなりません。同様に、介護に専念したからといって、それが「親孝行」になるわけ

ではありません。

人間は、ただ利他的なだけでなく、利己的なところもあります（むしろ利己的であるほうが普通です）。自分の人生をしっかりと前に進めたいという感情を持つことは自然なことなのです。それを我慢して、親のためにだけ、ずっと自己犠牲的に生きられる人は（生物学的に見れば）いません。

ここで、愛情表現としての自己犠牲について、少し考えておきます。「子どもの運動会には、手作りのお弁当を準備したい」という、古い常識のようなものに苦しめられている人は少なくないと思います。ただ、自分が子どもだった頃を思い出せば、運動会のお弁当が手作りかどうかはどうでも良かったのではないでしょうか。むしろ、マクドナルドのハンバーガーを食べたいという子どもも多いように思います。

子どもの立場からすれば、運動会は、自分の頑張りをしっかり見てもらって、たくさん褒めてもらう機会でしょう。そうした子どものニーズに対して、親は、自分の子どもへの愛情を、朝3時に起床してお弁当を作るという自己犠牲によって示そうとすることがあります。そんな寝不足の結果として、親がイライラしている運動会になるのは、本末転倒です。

これは、自分の愛情を表現したいがために、相手の真のニーズを無視するという態度でもあります。

介護でも同じように、介護をされる親には「少しでも自分らしく楽しく生きたい」という真のニーズがあります。それに対して、介護をする子どもが、親への愛情表現としての自己犠牲をアピールするのは、間違ったことのように思うのです。

例えば、介護をされる親が、あるアーティストのライブに行きたいと考えていたとします。しかし、介護をする子どもが、仕事を休んでまで（場合によっては仕事を辞めてまで）自己犠牲的に親である自分の介護をしていたとしましょう。

そんなとき、親は「ライブに行きたい」と、子どもに本心を打ち明けられるでしょうか。自分の介護のために犠牲になっている子どもに対して、とてもそんなことは言えないのが普通でしょう。

運動会は、親の子どもに対する愛情表現のアピールの場ではないのと同様に、介護もまた、子どもの親に対する愛情表現のアピールの機会ではないのです。

運動会では、主役となる子どもにとって素晴らしい思い出になるために必要なことを、子どもを中心として考えるべきでしょう。同じように介護においては、主役となる親にとって、心身になんらかの障害があったとしても、少しでも明るく楽しく生きるための必要なことを、親を中心として（可能な範囲で）実現するための支援を心がけるべきだと思います。

こうした前提があったうえで、あらためてビジネスケアラーの道を選ぶ意味を考えてみましょう。

まず、子どもの介護離職は、親のニーズではありません。むしろ、自分のせいで子どものキャリアをダメにしてしまったという罪悪感を押し付けられてしまう、困った事態にもなってしまいます。介護を必要とする親としては、子どものキャリアを犠牲にすることなく、同時に、自分の人生もダメにしたくないのです。

人間にとって、仕事とは、ただ生活の糧を稼ぐための手段ではありません。仕事とは、社会とのつながりであり、その成功や失敗を通して成長し、人間社会を前に進める一助としての誇りを獲得していく大切な営みでもあります。

そして親が本心から望んでいるのは、子どもの幸せです。

同時に、お互いの関係性が良好であり、双方に気遣いをしていければ最高です。もちろん、寂しいのは嫌なものです。しかし、**子どもに仕事をあきらめさせてまで、自分の介護をさせたいと思う親は決して多くはないはず**なのです。

人類史は、子どものために犠牲になってきた親の愛によってできています。この逆で、親のために子どもが犠牲になるのが本当に当たり前ならば、人類はとっくの昔に滅んでいるはずです。

私たちの人生そのものが、親世代が子どものためにしてきた多くの犠牲の上にできています。私たちには、そうした犠牲に見合うだけの幸せな人生を送る義務があることを忘れるべきではないでしょう。

小さな子どもを育てながら、同時に、親の介護も行うことを、特にダブルケアと言います。**ダブルケアの専門家たちが伝えているのは、いざ、本当にどうにもならない状況となった場合は、子どものケアを優先させるという原則**です。

子どもも親も選べないというのは理想です。現実として、どちらかを選ばなければならなくなった場合は、子どもを優先させるべきという考え方があることは、知っておくといいかもしれません。

常識5
離職前に「誰にも相談しなかった」が約半数、離職する人は介護に関する知識不足

介護によって仕事を辞めてしまう人は、それが、自分が生活保護を受給することになるほどリスクのある決断だということを、そもそも理解しているのでしょうか。

非常に重い決断なのですから、決断をしてしまう前に、周囲の誰か、特に介護に詳しい人に相談すべきことです。

ここに関して、毎日新聞の報道[10]があったので、そこから一部引用します。

介護を理由に正社員から離職した人に「離職直前に介護と仕事の両立について誰かに相談しましたか」と聞いたところ、「誰にも相談しなかった」が47・8%に上ることがみずほ情報総研（東京）の調査で分かった。（中略）

離職の理由（複数回答）は「体力的に難しい」が39・6％で最多。「介護は先が読めず見通しが困難」が31・6％、「自分以外に介護を担う家族がいなかった」の29・3％が続いた。

あれば仕事を続けられたと思う支援策（複数回答）は、「介護休業を取りやすくする」27・0％、「上司や人事部門の理解と支援」25・5％、「有給休暇を取りやすくする」24・3％、「残業が少ない」21・7％などが挙がった。

約半数の人が、誰にも相談せずに、離職する決断をしているというのは、非常にショックなことです。しかも、ここで離職の理由とされていることは、介護サービスに関する知識があれば、かなりの程度、解決できてしまうことです。

「体力的に厳しい」「自分以外に介護を担う家族がいなかった」というのは、本来であれば、ヘルパーに介護をお願いすれば解決してしまいます。「介護休業を取りやすくする」「有給休暇を取りやすくする」「残業が少ない」という条件もまた、介護のプロに介護を丸投げできているなら、本質的には必要のないことです。

要するに、**介護で離職をしてしまう人は、介護サービスに関する基本的な知識が不足していることが明らか**なのです。

弊社の独自データ（サンプルサイズ3万7740人）によれば（左ページ図）、実に、86・6％もの人が、具体的な仕事と介護の両立知識を持っていないことが明らかになっています。何度もお伝えしますが、ビジネスケアラーに本当に必要なのは、介護を外部にアウトソースするための介護サービスに関する具体的な知識です。

どのような介護サービスが、いつ、いくらで利用できるのかを知らないと、「体力的に厳しい」「自分以外に介護を担う家族がいなかった」といった理由で、仕事を辞めてしまうのです。

これは、託児所や学童保育の存在を知らないままに育児を理由として離職をしてしまうようなものです。あまりにも残念なことではないでしょうか。

「介護で仕事を辞める」という、自分自身が生活保護の受給者になってしまうかもしれな

両立知識が不足している従業員の割合（%）

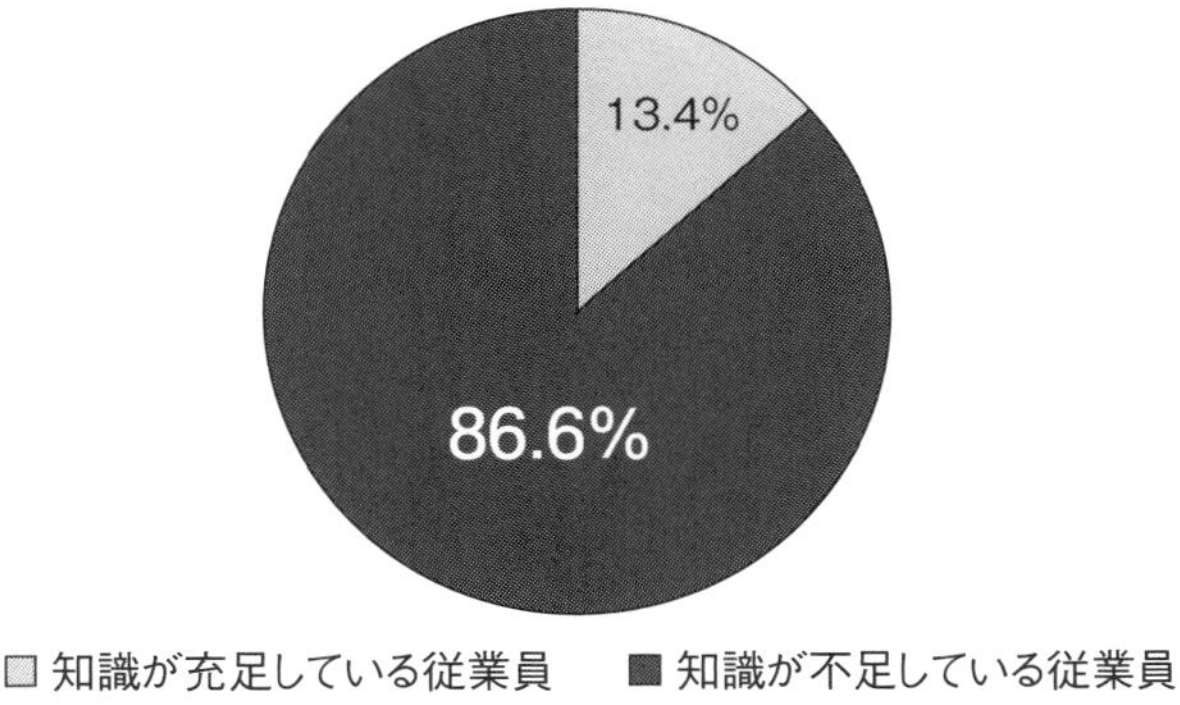

知識のないまま、介護生活に入ってしまいました。同居で2人きりの生活のため、頭では理解していても、きつく当たってしまうことも多く、自己嫌悪との闘いでもあります。

活用できる制度、必要な準備、今後どんな流れで進んでいくのか、などを知りたい。

介護が必要になる可能性が高い時期に入っているにもかかわらず、対応できる情報や対応策がまったく理解できていないことがあらためてわかった。

いような決断は、可能なかぎり回避すべきことです。そのための努力には、当然、介護に詳しい人の意見を聞くということがあってしかるべきでしょう。

しかし、介護離職をしてしまう人は、そうした行動を取っていないのです。これは、大きな問題でしょう。

先の毎日新聞による報道は、介護離職をしてしまった人の「介護の素人ならではの意見」として意味のあるものです。

しかし、本当に残念なことですが、これらの問題は、すでに存在する、世界最高ともいわれる日本の介護保険制度の介護サービスを正しく活用すれば、解決してしまう問題に過ぎません。

本当の問題は、そんな介護サービスが知られていないことです。

別の調査では、**自治体（市区町村）の介護窓口（地域包括支援センターなど）に介護の相談をしている介護者は20％にも満たない状況**であることがわかっています。これを逆から読めば、８割を超える介護の素人たちが、介護のプロに相談をしていないということです。

しかし実は、**自治体にこそ、介護のおトク情報が集約**されています。自治体ならではの各種介護サービスについての情報や介護状態が悪化しないための予防支援などがあり、そうした情報は、自治体の介護窓口を訪れないと（なかなか）わかりません。

新設の、介護保険内・外の、幅広い介護サービスに関する情報は、ケアマネジャーでもキャッチアップできないほど、どんどん生まれているのです。介護領域のビジネスは、日本最後の成長産業です。当然のように、痒《かゆ》いところに手が届くようなサービスが、日々生まれています。それにもかかわらず、多くの介護者が、自治体の介護窓口を利用していません。たくさんのビジネスケアラーが、おトクに使える介護サービスを知らないままに仕事を休み、大損をしているのです。

自治体の介護窓口は、仕事と介護の両立、ビジネスケアラーを支援するための介護サービスを、隅々まで丁寧に説明してくれます。

自治体は国と直結しており、現在、国としては「介護離職ゼロ」「ビジネスケアラーの支援」

を掲げています。ですから、自治体は仕事と介護の両立について、高い優先順位で動いてくれます。自治体の介護窓口が、要介護者の家族として「仕事との両立が不安」という相談をしやすいのは当然なのです。

ただ、こうした窓口は、介護保険課、高齢・障害支援課、高齢福祉課、高齢福祉介護課、高齢者いきいき課……という具合に、名称がバラバラです。それぞれの介護にかける想いを、担当部署の名前にしているからです。統一されていないので、かえってわかりにくかったりもしますが、それぞれに独自の介護支援を提供しています。

介護のおトク情報を得る旅は、親の暮らしている市区町村の役所の受付で「介護の相談がしたいのですが」と言ってみることから始まります。遠距離介護の場合は、まずはインターネットで確認したり、電話をしてみてもよいでしょう。

何度もお伝えしますが、自らのことを「介護の素人」として認識し、介護のプロに相談することをためらわないでください。そうして相談することだけが、仕事と介護の両立、ビジネスケアラーの道を実現するための必要条件なのです。

また、**どこの自治体にも、「地域包括支援センター」という介護や医療福祉について相談できる総合相談窓口があります。**だいたい人口2〜3万人に1カ所（一般的に中学校区域）程度設置されています。

自治体の介護窓口だけでなく、地域包括支援センターにも足を運んでみることも強くオススメします。「えっ、そんなサービスがあったの？」「えっ、そんな支援があったの？」という発見が、きっとあると思います。

この背景には、自治体の相談窓口は、数年で部署異動をすることの多い公務員によって運営されているのに対して、地域包括支援センターの多くは、民間の信頼できる介護事業者に委託されていることが多い（約8割が民間委託）ことがあります。

自治体の窓口を担当している公務員と、地域包括支援センターにいる介護のプロの両方のアドバイスを受ければ、それ以上の支援はありません。

とにかく、**介護はそれぞれに個別性が高く、ビジネスケアラーとしてうまく仕事と介護を両立させるには介護の専門知識を持っている人によるアドバイスがどうしても必要**です。

常識6
仕事がうまくいっていないときに「親の介護」を言い訳に離職するのは危険

誰もが、突発的に、今の仕事を辞めたくなることがあります。

一生懸命頑張って成果を出したのに低い評価をされたとき、自分の責任ではないことについて上司から叱責されたとき、自分よりも先に後輩が出世をして後輩の部下になったとき……。

ビジネスの世界では、不完全な人間が、他の不完全な人間を管理・評価することが行われています。ですから、長く仕事をしていれば、理不尽な経験もたくさんします。「理不尽に耐えられる」ということは、ある意味で、社会人の条件のようなものです（もちろん、理不尽の程度にもよりますが）。

当然ですが、そんな理不尽は少ないほうがよいに決まっています。

しかし、そもそも職場というスケールを超えて、この社会全体を見たとき、もっとひどい理不尽が多数あります。世界の飢餓人口は8億人以上います。劣悪な条件で就労している5〜14歳の子どもは2・5億人（世界に占めるこの年代の子どもの4人に1人）います。18歳未満の兵士は、25万人はいると考えられています。

完璧に筋が通っていて、なんの理不尽もない社会など、未来永劫実現されないでしょう。

自分が普通の状態であれば、ちょっとくらいの理不尽には耐えられるものでしょう。別の部署のプロジェクトの失敗について、なぜか自分のせいにされたりするといったことは、ビジネス経験が長ければ「まあ、そういうこともあるよね」と流せたりもすると思います。

ただ怖いのは、こうした理不尽なことが自分に降りかかっている最中に、介護が忙しくなることです。普通の状態であれば流せるような理不尽が、介護と重なることで「介護も忙しくなってきたし、理不尽なこともあるし、辞めようかな……」という気分を生み出してしまう可能性があるのです。

その理不尽が、普通の状態の自分であれば流せるようなものであれば、ここは我慢したいところです。もちろん、介護がなくても許せないほどの仕打ちを受けたとするなら、それにて退職という決断もありえます。しかし介護離職した後、介護も一段落したときに振り返って「あんなことくらいで退職したのは、もったいなかったな」と感じる可能性があるなら、そこは踏みとどまるべきところなのです。

認知科学の成果として、人間のいかなる感情も長続きしないことがわかっています。理不尽なことをされて腹を立てても、時間とともに、それに対する怒りの感情は必ず薄れていきます。

ですから**一時の怒りの感情に任せて、長く勤務してきた職場を離れるのは、よくないことです。**

ビジネスの世界では、ジュニアの頃から「問題の切り分け」について叩き込まれます。**理不尽なことをされたという問題と、仕事と介護の両立問題もまた、切り分けて考えなくてはなりません。**これらを混ぜて考えたうえで、人生にとって重大な決断をしてしまうのは、決して得策とは言えません。

職場の理不尽が理由で退職するのであれば、当たり前ですが、できれば次の職場を決めてから退職（転職）しましょう。長期的に無職の時間を間に入れてしまうと、転職に不利になるからです。また、理不尽の元凶が上司である場合は、部署異動で済ませられないかも検討しましょう。

何事も、**大事なことを決めるときは、一時の感情に引きずられないことが肝要**です。特に、介護離職の場合は、冷静に考えて、その決断が正しいのかどうかをかなり慎重に検討する必要があります。

仕事と介護を両立するために必要となる介護サービスについて、十分にケアマネジャーや地域包括支援センターに相談していますか？

介護のプロによる支援は、フル活用できていますか？

介護保険外でも、例えば、家事代行サービスや配食などのサービスを上手にアレンジで

きていますか？

介護を理由として会社を辞めるという決断は、本当に危険なものです。

その危険性を十分に理解したうえで、さらに介護サービスや家事代行サービスなどをフル活用していても仕事との両立は無理と判断しての離職であれば、仕方がありません。

しかし、離職は、一時の感情に任せて決断してよいようなことではありません。できるかぎり冷静に考えるべきですし、公的な窓口はもちろん、信頼のおける友人などにも相談しなければなりません。

常識7
親と同居で「離婚」「認知症」のリスク増。同居すると受けられない介護サービスも

金銭的に厳しくなると、家賃の負担を下げるために、親と同居しての介護を検討するようになるかもしれません。しかし特に、介護が必要になった親を自宅に迎え入れて**同居した場合は、介護離婚（介護を理由とした離婚）のリスクはかなり高くなります**。実際に、介護職（介護のプロ）たちは、そうして介護離婚に至ったケースを多数見ています。

特に、**同居をしている健康な家族がいる場合、生活援助サービス（掃除、洗濯、買い物、調理、病院への付き添いなど）が、介護保険では（原則として）使えなくなることに注意**しなければなりません。介護保険内であれば1日あたり数百円～1000円程度で利用できる、こうした生活援助サービスが受けられなくなるだけでも、介護の負担は大きく上がってしまうのです。

同居の結果として使えなくなった生活援助サービスは、同居後、誰が担うのでしょう？

親と同居しての介護の終着駅としては、

①生活のリズムが合わずに喧嘩ばかりになる
②家事などの生活援助サービスが使えなくなり負担が増える
③同居していると特別養護老人ホームへの入所の優先順位が下げられる
④住み慣れない環境で親の心身の状態が悪化する
⑤親が田舎に帰ると言いはじめても田舎の家はすでにない

といったことがあげられます。

そうしてギスギスした状態が続くと、義理の両親と同居することになったパートナーは、結婚生活そのものに疑問を持つようにもなります。パートナーにも両親がいる場合、介護離婚をして、年老いた自分の両親と同居したほうがよいという気持ちにもなるでしょう。

そうしたリスクを理解したうえでそれでも同居する場合は、**生活援助サービスが介護保険では使えなくなること、特別養護老人ホーム（公的で安価な老人ホーム）に入りにくくなることなど、大きすぎるデメリットを覚悟しつつ、折り合いが悪ければ親が田舎に帰ることもできるというオプションを残しておくこと**が大事です。

そもそも同居を決めるのは、まず数カ月一緒に暮らしてみて、同居がどういうものかお互いにその現実を理解してからでも遅くはないでしょう。

一番まずいのは、田舎の家を完全に引き払って退路をたち、そのうえで「とても一緒に住めない」ということになった場合です。それでも特別養護老人ホームには入れずに、ギスギスした状態での同居が続くと、どうなるでしょう。

民間の老人ホームの入居費は、毎月25万円程度はかかります。そのお金が出せないとするなら（普通は難しい）、パートナーは「親と私のどちらとの生活を取るのか？」と、あなたに迫ってくるでしょう。

さらに、高齢者にとって、住み慣れた環境を離れることは、認知症のリスクを高めてしまうという事実についても理解しておく必要があります。また、田舎にはあった人間関係のネットワークがすべてなくなってしまうことの影響は、本人が想像している以上に大きなものだったりもします。

専門的には、これらは**リロケーションダメージ**といいます。住み慣れた環境からの離脱は、大きなストレスの原因となります。これは年齢によらず発生するストレスではありますが、高齢者のほうがリロケーションダメージの発生が顕著であることがわかっているのです。

愛する子どもから「一緒に暮らそうよ」と言われて、嬉しくない親は少ないでしょう。親もまた、過去には引っ越しなどを経験しているため、大丈夫と判断してしまいがちです。しかし**リロケーションダメージは、高齢者により顕著に発生**するのです。親本人は大丈夫だと言っても、医学的には、それは正しくないという事実は、どうしても知っておく必要があるでしょう。

ずっと一緒に暮らしていなかった親にとって、実は、子ども以上に重要な人間関係が田舎にあったということを、それを失ってから知るのは厳しいものです。

「同居の結果としての悲惨な着地」を多数見てきた介護職（介護のプロ）の多くは、親の「看取り」というタイミング以外で、親と同居するのはかなり難しいという本音を持っていることは、ここで知っておいてもよいでしょう。

常識8
介護で虐待しやすいのは息子か夫で、同居するなど常時接触のパターンが多い

何かに集中したり、没頭したりしていると、周りが見えなくなるものです。どんなことでも、当事者として渦中で頑張っているときほど、そうした状態になります。周りが見えなくなるだけでなく、自分自身のことを客観的に考える余裕さえなくなります。この状態になりやすいのが、介護のある生活です。

介護が、虐待や介護殺人など、最悪の結末に至ることがあります。

この背景にあるのは、個人の資質ではありません。誰もが、介護と向き合う中で、こうした最悪の結末にならないよう、ギリギリの状態で頑張っています。**それでも多くの人が、そんな最悪の結末に至ってしまうのが、介護の現実**なのです。

2016年7月3日放送のNHKスペシャル『私は家族を殺した〝介護殺人〟当事者た

ちの告白』では、普通の人が、介護殺人に手を染めてしまうことがあるという事実が示されました。

ここで注目したいのは、介護における人間関係は（育児とは異なり）大人同士の関係だということです。ここから、介護の場合は「役割」「義務」「確執」「恩」「金銭」「圧力」「病気」「傷害」「恨み」などなど、育児とは異なる様々な心理が複雑にからみ合うことになります。[11]決してポジティブとは言えない感情がからまり合い、そこから抜け出す手立てもない閉じた世界では、最悪の結末に至る可能性も高まってしまうでしょう。

介護が重度化したり、終末期になるにつれて、どこまでも滅私奉公的な対応をしてバーンアウトしてしまう（燃え尽きてうつ病になってしまう）ケースもあります。そこで、介護サービスを使うだけの経済的な余裕が失われていれば、本当にどうにもならなくなります。

責任感と、親への献身的な意識が強くあることは、素晴らしいことかもしれません。しかし介護はやはり、1人で抱え込むには無理があります。親にとって真によい生活を組み立てるために、自らの仕事を維持しながら、周囲の力を上手に利用する方向に行かないと、最悪の結末が現実になってしまうでしょう。

介護をめぐる虐待というと、ニュースになるのは決まって介護職（介護のプロ）による虐待です。

しかし、**家族（家族・親族・同居人）による虐待のほうが、介護職による虐待の22倍も多く発生**しているのです。実際に統計（2021年度）では、介護職による虐待が739件だったのに対して、家族による虐待は1万6426件でした。

介護職による介護は、チームで行われます。そのため、チームの一員による虐待は、同僚も直接・間接に観察することになるので、発見されやすいでしょう。

これに対して**家族による虐待は、ほとんどが密室で発生**しています。本来であれば、家族による虐待は表に出にくいはずなのです。それにもかかわらず、家族による虐待は、把握されているだけでも介護職の22倍にもなる事実は、無視されるべきではありません。

家族の虐待に関する調査としては、このほかにも認知症の介護をする100名の家族に対して行ったアンケート結果があります。この調査では「認知症のご家族に『虐待』をしそうになったことはありますか？」という質問に**「ある」と回答した人が、なんと79%に**もなっています。[12]

では、どのような背景があると、高齢者の虐待に至りやすいのでしょうか。

ある研究報告[13]によれば、虐待をする人に共通する特徴としては、

①息子か夫である
②要介護者と同居していたりして常時接触している
③介護に関する知識が不足している
④介護を助けてくれる人がいない
⑤要介護者と過去になんらかの軋轢《あつれき》がある

といったものです。

また、虐待をされてしまう人に共通する特徴としては、

①要介護度が高い高齢者である
②75歳以上の女性である
③子どもの家族と同居している
④生活が苦しい生活困窮者である
⑤介護者と過去になんらかの軋轢がある

といったものでした。

虐待を回避するために必要なのは、まず、自分自身の背景が、これらの特徴にどれくらい当てはまるかを確認することです。かなり当てはまるなら、意識して虐待を回避するための対策を打たなくてはなりません。いかに自分は大丈夫だと思っても、対策をすることはとても大事です。

まず介護者は、要介護者との接触を減らさなくてはなりません。この点だけからしても、会社を辞めて介護に専念することのリスクが理解できるでしょう。

特に、避けられるのであれば、同居はギリギリまで決断すべきではありません。そして介護の一部であっても、介護のプロにお願いしたり、兄弟姉妹や親族にもお願いすることで、虐待を回避できる可能性が高まります。

どうしても1人で、同居しての介護をしなければならない場合は、**息抜き（レスパイト）を心がける必要**があります。上手にストレスを逃すことができないと、かなり危険だからです。

ケアマネジャーに「レスパイトとなる介護サービスを紹介してください」とお願いすれば、アレンジしてもらえます。**レスパイトは、介護に苦しむ人のために、要介護者を一時的に預かってくれたりする介護サービスの総称**です。自治体によっても内容が異なるので、自治体の窓口や地域包括支援センターに相談しましょう。

また、**介護者は、介護に関する知識（エイジング・リテラシー）を勉強していくことも大切**です。自分で勉強するのが辛ければ、セミナーや家族会などに参加して、誰かに教えてもらうことを意識する必要もあります。

とにかく、**介護を相談できる他者がいないと、大きな危険に自ら近づくことになる**のです。「介護は誰にでもできる」と考えている人もいまだに存在するようですが、むしろ「介護は誰にとっても危険で難しい」というのが事実です。

常識9
身体介護をしなければ仕事と両立できる可能性が高まる

介護を理由に退職する人と、そうでない人の違いは、親の要介護度（公式に認定される介護を必要とする度合い・レベル）が高いか、低いかではありません。

その決定的な分かれ道となっているのは、身体介護（入浴介助、排泄介助、食事介助）と家事を、自分で担っているか、それとも介護サービス事業者（または自分以外の親族）に頼っているかです。

「施設に入れないと、仕事と介護の両立は無理」と考えられがちです。しかしビジネスケアラーの8割弱が在宅介護をしているという事実は無視できません。

この背景を考察するため、三菱UFJリサーチ&コンサルティングによる調査結果[14]から、

介護を理由に退職する人	
身体介護をしている	47.3%
声かけ・見守りをしている	63.1%
家事をしている	60.1%
買い物・ゴミ出しをしている	69.2%
仕事と介護を両立する人	
身体介護をしている	11.3%
声かけ・見守りをしている	42.6%
家事をしている	28.9%
買い物・ゴミ出しをしている	47.3%

特に介護をするうえで作業頻度の高い4つの仕事について、上に表としてまとめてみます。

すぐにわかると思いますが、仕事と介護を両立できているビジネスケアラーは、身体介護や家事を自分でやっていません。

ここで、身体介護において最も負担が大きいと言われるのが入浴介助と排泄介助です。そうした身体介護と家事を、介護サービス事業者（または自分以外の親族）に頼れる体制を構築することが仕事と介護の両立の鍵になります。そして、これを具体的に進めるには、ケアマネジャーや地域包括支援センターに相談する必要があります。

特に入浴介助は、すべりやすい空間でのやりとりになるため、とても危険です。自分で立つことができない要介護者の入浴介助であれば、なおさら危険です。実際に、訪問サービスとしての入浴介助は（必要な介護の度合いにもよりますが）男性も入れて3人がかりだったりします。しかも、その3人は、しっかりとトレーニングを受けたプロです。

素人である自分が入浴介助を行って、すべって転んでしまい、親の介護状態を悪化させてしまっては元も子もありません。特に大腿骨の付け根を骨折させてしまうと、車椅子生活になってしまいます。

ですから、要介護者の入浴介助は、できるだけ介護のプロ（ヘルパーなど）にお任せしたいところです。とにかく、素人による介護は危険だという認識が求められます。

ただ、要介護者は、恥ずかしがって、ヘルパーによる入浴介助を嫌がることも多いようです。入浴介助というのは、要介護者にとって、介護が始まってすぐに訪れる心理的な難関としても知られています。「こんなことも、自分でできなくなってしまったのか……」

というショックを受けるのも、特に初回の入浴介助ではよくあることだそうです。

さらに介護のプロに聞いたところによれば、こうしたショックは、要介護者が男性で、ヘルパーの中に女性がいるときに起こりやすいと聞きます。実際に、ヘルパーの8割以上は女性（平成20年時点）なので、これは意外と多くあることなのでしょう。

男性の要介護者としては、入浴介助は、奥さんや家族にお願いしたくなる気持ちはわかります。ただ、そうした要介護者の奥さんも高齢ですし、重たい男性の身体をすべりやすいお風呂で介助するのは、やはり危険であることを認識すべきでしょう。

とにかく、**介護離職や極端なパフォーマンス低下を避けるために本当に大事なのは、介護をするうえで頻度が高く、負担の大きい身体介護や家事は、できるだけ介護のプロに任せることです。**

そして、作業頻度の低い緊急時対応や金銭管理といった部分、すなわち介護のマネジメントに集中するスタイルを作ることが重要です。

こうすることで、キャリアを犠牲にすることなく、介護もできるようになります。ビジネスケアラーはこのポイントをうまく押さえておくことが大事です。

ちなみに、見守りや買い物においては、退職する人とビジネスケアラーとで、あまり差が見られません。ここは、完全に想像になりますが、ビジネスケアラーは、見守りにおいてはＩＴを活用したり、買い物においても宅配サービスなどを使うことで、やはり自分の負担を減らしているのではないかと思います。

仕事と介護の両立では、どこの作業が最も大きな負担になるのかを理解しつつ、それを自分でやらないという考え方が重要になります。

この先、あなたがビジネスケアラーとなって上手に両立したいなら、身体介護から離れてみる（そのための介護サービスや家事代行サービスなどを見つける）ことを意識してください。

常識10
介護は1人で抱え込まず、チームでやるのが原則

ある認知症の実母を介護している男性（実母から見た息子）のケースです。彼は、奥さんと子ども2人と一緒に、実母と同居して介護をしていました。この男性は、実母の認知症の症状によって、家族の気が休まらないことを、常に申し訳なく感じていました。実際に彼は、たびたび、そのような言葉を介護職（ヘルパーやケアマネジャー）に対して漏らしていたそうです。

しかし、介護職が、奥さんと子どもに個別に介護の負担について聞いてみると、この介護については、それほど負担を感じてはいなかったのです。むしろこの男性が介護を抱え込みすぎていることのほうが心配だと伝えたそうです。

もっと家族の皆で考え、協力して介護に向き合えばいいのに、責任感から、彼は1人で苦しんでいるように見えたとのことでした。

つまりこの男性の場合は、介護を家族に任せることなく、１人でこなそうとしていることが、かえって家族の精神的な負担になっていたわけです。責任感を持って介護に臨むことは素晴らしいことですが、それだけでは、必ずしも理想的な介護につながるとは限らないのです。

介護職は、この家族の家族会議に同席し、その場で奥さんや子どもの思いを話していただきました。そしてこの男性が１人で抱えていた介護の一部を、奥さんや子どもとも分かち合うという合意に導いたそうです。さらにその場で、家族でやらなくてもよいことも見つけ、適切な介護サービスの導入も実現しました。

もちろん、これだけで認知症の介護からくる負担がゼロになったりはしません。この男性の介護負担がどこまで減ったかは、はっきりしたことは言えません。ただ、この家族は、お互いの気持ちを正直に伝え合うことによって、より優れたチームになれたのではないでしょうか。

ここまでの話を読んで「仕事と同じだな……」と感じた人がいたら、鋭いです。１人で仕事を抱え込んでいる人は、意外と成果が出せずに思い悩みます。

それに対して、周囲と上手に仕事を分け合って、チームとして成果を追い求める人は、大きな成果を出しやすいでしょう。経営学者トーマス・ダベンポート[15]が明らかにしたとおり、大きな成果を出す人材というのは、優れた人脈を活用しているものなのです。

ある介護の研究を行う研究者[16]によれば**「介護とは、家族と介護サービスのプロによるチーム戦」**とのことです。ビジネスケアラーとして仕事と介護の両立に成功している15名のケースの追跡からわかったのは、優れたマネジャーは、仕事で培ったその能力を用いて、上手に介護の負担を分散していたというのです。

実際にこの研究者が観察したのは、次のようなことでした。

（1）介護者は、家族と介護サービスで構成されたチームのマネジャーであるという意識を持つこと。現実に、日々のビジネスにおいて、マネジメント経験がある人のほうが「仕事と介護の両立」に成功している。逆に言えば、介護経験は、マネジメントのトレーニングにもなる。

（2）介護とはマネジメントであると理解し、介護に関わる「ヒト」「モノ」「カネ」「情報」を把握し、それぞれの資源を成長させること。「ヒト」であれば、介護を支えるための新たな人脈を築き、それを効率的に維持・活用すること。「モノ」であれば、介護負担を軽減させる商品・サービスなどを活用すること。「カネ」であれば、様々な介護の制度を理解して無駄な出費をおさえ、必要なサービスをようまく使うこと。そして「情報」は、介護全体を俯瞰して考えられるような良質なものにアクセスし、学ぶこと。

（3）企業のサポートが必要。企業が、働く介護者のニーズを把握すること。介護に関して相談できる職場の雰囲気を醸成していくこと。ただし、ビジネスパーソンにとって、自分が介護役割を担っている現実はカミングアウトしにくいことを理解する必要がある。デリケートな課題であり、ここに対応するには、介護の専門家としての旧来の介護相談窓口では不十分。仕事と介護の両立を支援できる、外部の両立支援アドバイザーなどが必要。

（3）の企業のサポートについては、経産省のテコ入れによって、今後、良い変化が期待できます。これからは、従業員の介護支援（ビジネスケアラー支援）が、健康経営の評価指標になっていくことが決まったのです。人的資本経営の文脈でも、従業員の介護支援は、注目されています。

とはいえ、そうした介護支援が充実するのを、ただ待っているだけではいけません。あなた自身が、こうした企業のサポートを拡充するために、経営者や人事部と連携していくことも重要です。

何事もそうなのですが、ただ、誰かに助けてもらうのを待っているだけではダメで、**自らが求める環境を構築するために、周囲に対して積極的に働きかけていくことが重要**なのです。

人類史上かつてない高齢化が進む日本においては、誰もがいずれ、仕事と介護を両立するビジネスケアラーになっていくのです。あなたの積極的な働きかけによって、社会が良い方向に進化していくとするならば、あなたの苦労は、きっと報われると思います。

（1）三菱ＵＦＪリサーチ&コンサルティング株式会社、『仕事と介護の両立に関する実態把握のための調査研究（労働者調査）』、厚生労働省委託事業、２０１３年3月
（2）産経新聞、『衝撃…介護転職した人の年収は男性4割減、女性半減！「介護離職ゼロ」掲げる政府や企業は有効な手立てを打てるのか？』、２０１６年2月18日
（3）２０１９（令和元）年の日本人の平均寿命は男性が81・41歳、女性が87・45歳、健康寿命は男性が72・68年、女性が75・38年。内閣府「令和４年版高齢社会白書」より
（4）生命保険文化センター、『生命保険に関する全国実態調査』、２０１５年
（5）常陽銀行、『年代別貯金総額の平均と毎月の貯金額目安』、２０１５年4月21日
（6）三菱ＵＦＪリサーチ&コンサルティング株式会社、『仕事と介護の両立に関する労働者アンケート調査』、平成24年度厚生労働省委託調査結果概要
（7）町田いづみ・保坂隆、『高齢化社会における在宅介護者の現状と問題点―８４８６人の介護者自身の身体的健康感を中心に』、訪問看護と介護 11（7）、６８６－６９３、２００６－07
（8）小窪輝吉、『リンゲルマン現象と社会的手抜き』、鹿児島経済大学社会学部論集7（3）、41－56、

1988-10-15、小窪輝吉、『リンゲルマンの研究について』、鹿児島経済大学社会学部論集8（2）、43-56、1989-07-15
（9）森裕司、『動物行動学―獣医学共通テキスト編集委員会認定』、インターズー、2012年4月
（10）毎日新聞、『介護離職「相談せず」48％ 決断前の情報提供が課題』、2017年5月20日
（11）渡辺俊之、『ケアの心理学―癒しとささえの心をさがして』、ベストセラーズ、2001年10月
（12）株式会社ウェルクス、『認知症の介護家族の約8割が「虐待」しそうになった経験が「ある」。調査データ発表』、2016年1月21日
（13）柴田益江、『高齢者に対する家庭内虐待の発生メカニズムに関する研究』、名古屋柳城短期大学研究紀要、第35号（2013年度）
（14）三菱ＵＦＪリサーチ&コンサルティング株式会社、『仕事と介護の両立に関する実態把握のための調査研究（労働者調査）』、厚生労働省委託事業、2013年3月
（15）Thomas H. Davenport, Laurence Prusak (1997). Information Ecology. Oxford University Press. p. 288. ISBN 0-19-511168-0
（16）林邦彦氏へのインタビュー（http://kaigolab.com/interview/269）より

第2章

仕事と介護はこう両立させる

知識は、奴隷には不向きな人間を生み出す。

—フレデリック・ダグラス

先の第1章では、ビジネスケアラーとして知っておきたい介護についての新・常識ともいうべき10のことについてお伝えしてきました。

まずは、「介護離職」の道にはリスクが多く、これからのビジネスパーソンは、「ビジネスケアラー」の道を選ぶほうが妥当なケースが多いとご理解いただけたかと思います。

さらには、ビジネスケアラーとして上手に両立させていくためには、介護の負担を自分だけで抱え込むことなく、上手に分散させることが肝要です。

ここで大切になることは、ビジネスを進めるときとまったく同じです。

それは**「何を目的として、誰に、何をお願いするのか」を明らかにしていく**ということです[1]。とはいえ、特に負担の大きい介護の初期の段階では、どうしても基本的な知識の勉強が追いつかず、上手に考えることができません。自動車学校に通い始めたばかりの人が、いきなり、高速道路での運転実習をするようなものだからです。

そこで第2章では、まだ介護の知識が十分ではない人が、介護の負担を分散させるために必要となる具体的な方法について述べていきたいと思います。

方法1
介護職（介護のプロ）に人脈を作る

介護の負担を減らすには、介護サービスに関する知識が必要

日本の社会福祉は、知らないと損をするようになっています。それはそれで問題ですが、社会問題について文句を言っても、自分の状態は（すぐには）変わりません。

例えば、介護における寝具（布団、毛布、枕、マットレス）のクリーニングは、多くの自治体が無料～1000円程度の低価格で提供しているサービスです。しかし、この事実を知らないため、要介護者が汚してしまった寝具などを、自分で洗っている人も少なくないのです。

こうしたサービスがあることを知っていれば、利用することができます。ですがそれに

ついて知らなければ、そもそも利用することができないのです。

また、入院時には、パジャマや歯ブラシ、下着といった入院に必要となるものには、入院する人の名前をペンで書いて、病院に持っていく必要があります。遠方の病院だったりすると、これは大変な負担です。

ですから最近では、こうした入院に必要となるものの手配を代行してもらえるサービスが広がってきています（1日あたり700～1000円程度で利用できる。このようなサービスは、コロナ禍で、病院に入院することになった患者の家族が病院に近づけない状況となって、急速に普及した）。こうしたサービスもまた、その存在を知らないと、利用することができません。

日本では、40歳以上の人であれば、介護保険料を支払っており、介護保険に加入しています。保険ですから、介護が必要になれば、それを利用することが可能です。

介護サービスの利用は、実際にかかっている費用の1割が自己負担となり、残りは保険がカバーしてくれる仕組みになっています（所得によっては2割以上というケースもあるので注意)。

しかし、日本の介護保険の場合、そもそも「どのような介護サービスが利用できるのか」を理解し、こちらから利用を申請しないと、介護サービスを使うことができません。

日本の介護保険制度は、世界一充実しているといっても過言ではありません。しかし残念なことですが、**介護をしているのに、そんな最高の介護保険制度をまったく使っていないという人も多数いるのが現状**です。

また、介護保険ではカバーしきれない、入院時に必要となるものの手配の代行など、民間のサービスも次々に登場してきています。人類史上かつてない高齢化をしている日本ですから、高齢者を支援するサービスが時間とともに充実していくことは明白です。

経産省によれば、こうした高齢者支援の民間市場は、２０５０年には77兆円規模の市場にまで成長するそうです。[2] 今後、どんどん生まれてくる優れた民間のサービスも、それを知らなければ、利用することができません。

介護初期の「介護パニック期」に注意

介護の負担を減らすには、介護保険をフル活用し、民間のサービスも活用する必要があります。そのためには、介護サービスに関する広い知識が必要なのです。

しかしこれは、特に、介護の初期においては到底無理な話です。ここには「タマゴが先か、ニワトリが先か」という問題があることが理解できるでしょう。

病気でも、介護でも、問題の早期発見と早期対応が重要になります。病気については、自覚症状が出たり、健康診断の結果などから、病院に行けばなんとかなることも多いでしょう（本当は予防することが大事なのですが）。しかし、介護というのは、どこからが介護なのかの判断さえも難しいものです。特に、そうした介護の初期段階にあれば、検索のための基本的なキーワードさえわからないでしょう。

このため、多くの人にとって、介護の初期が地獄になります。介護サービスに関する知識が足りないため、何もかも自分でやらなければならないと誤解します。そこに、少しず

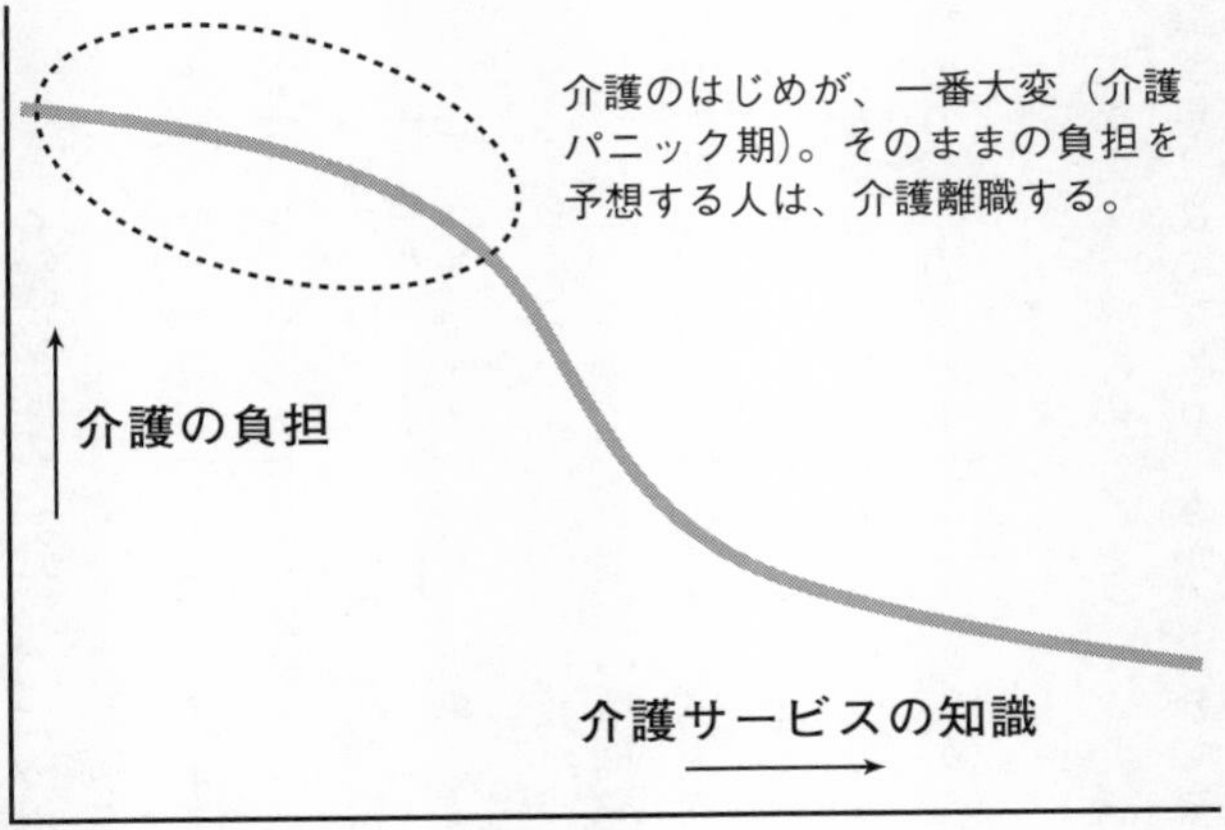
介護のはじめが、一番大変（介護パニック期）。そのままの負担を予想する人は、介護離職する。
介護の負担
介護サービスの知識

つ介護サービスに関する情報が入ってくると、混乱してパニックになります。いわゆる「介護パニック期」の到来です。そして(確固たるデータはないのですが)介護離職は、この「介護パニック期」に集中するようです(上図)。

介護による離職を避けるには、とにかく早く「介護パニック期」を抜け出す必要があります。そのために打てる手立ては2つしかありません。

1つは、介護が始まる前から**介護サービスに関する勉強を進めること**です。

はじめにでもふれたとおり、介護は、育児とはまったく異なり、そもそも知識がゼロの状態から急に始まることがほとんどです。その状況を避けるため、介護が始まる前からある程度、介護サービスについて自分でも勉強を進めることは大切なことです。しかし、もし今すでに介護が始まっていて「介護パニック期」にあるなら、自分での勉強は正しい戦略とは言えないでしょう。

この場合は、もう1つの手立てが最も重要です。もう1つは、**介護サービスに詳しい人（介護のプロ）に助けてもらうこと**です。そうした人に「介護離職を避けるためには、どのような介護サービスを利用すればよいのか」を相談すれば、かなりの確率で介護離職を避けることに成功できます。具体的には、優秀なケアマネジャーや、地域包括支援センターに相談することが必須となります。

現代社会において「知識」は力

ここで、少し唐突に感じられるかもしれませんが、**知識の重要性について確認**しておきたいです。そのためのたとえ話をします。

ある夜のこと。あなたは、仕事から自宅に帰る途中でした。路地裏に差し掛かったところ、5人の屈強な大男が、1人の弱々しい老人に対して殴る蹴るの暴行をしているのを目撃しました。周囲には、自分以外に人はいません。
あなたなら、どうしますか？

すぐにこの場に割って入って、5人の屈強な大男を止めようとするのは（プロの格闘家でもなければ）無謀でしょう。とはいえ、見て見ぬ振りもできません。おそらくは、警察に通報しつつ、周囲から人を呼び集めたり、大男たちの写真を撮って、後の犯人逮捕の証拠としたりするでしょう。

では、このとき、あなたの手には（なぜか合法的に）マシンガンが握られていたとします（しかもその使用許可まである）。まず、警察に連絡するのは同じかもしれません。しかし、おそらくあなたは、5人の大男に対して、マシンガンを向けながら「やめろ！」と叫ぶのではないでしょうか。

マシンガンを持っていると、今度はむしろ、こうした事件が起こりそうな現場をパトロールし、探して歩くようにもなるかもしれません。マシンガンがなければ、できれば遭遇したくない事件だったのに、マシンガンを持った途端に、むしろ事件を探すようになるのですから、面白いものです。

このたとえ話で伝えたいのは、人間の行動は、持っている力（武器）によって簡単に変化するという事実です。このたとえ話における力とは、暴力的なマシンガン（及びその使用許可）でした。しかし、現代社会において、より広範囲に使える力と言えるのは「知は力なり（knowledge is power）」と言うとおり、知識です。

介護がいかに大変なものであるか、それについては多くの人が直感でも理解していることでしょう。

しかし、客観的にみた要介護者の状態が似たようなものであっても、あなたの主観的な負担感は、あなたの知識の量（武器）によって大きく異なるのです。屈強な５人の大男と戦う必要があるとしても、マシンガンのあるなしによって、その負担感はまったく異なることと同じです。

実際に知識がない場合、介護は、要介護者に振り回されるばかりの面倒になります。これは受け身であり、バタバタしているだけで時間が過ぎていきます。自分なりに一生懸命やっていても、無力感に襲われることもしばしばでしょう。武器を持たないで屈強な５人の大男に立ち向かっているのですから、当然の結果です。

しかし、その場に、心身の障害との戦い方についての正しい知識で武装した介護のプロ（ベテランの傭兵）がいてくれたら、どうなるでしょう。

要介護者に振り回されるという状況に対して、積極的に対応できるようにもなるはずです。それこそ、自分の親の介護だけでなく、介護に悩んでいる同僚の介護についてもアドバイスをするようになると思います。

介護というテーマにおいては、**要介護者だけでなく、介護知識を持たない介護者（家族）もまた、社会的弱者**なのです。**その救済に必要なのは、介護の知識であり、ここまで述べ**

てきたとおり、本質的にはその勉強です。

あなたが本書を読んでいる理由も、こうした直感があるからでしょう。

しかし現実には、仕事に追われながら、自分で介護の勉強をするだけの時間を確保できるケースなど、ほとんどないはずです。だからこそ、強力な武器で武装した介護のプロが存在しているのです。

介護をする家族の負担を減らすという視点

ここで、不都合な真実があります。それは、介護のプロには、非常に優れた人もいれば、そうでない人も多数いるということです。

信じられないかもしれませんが、運が悪いと、むしろ、介護離職をすすめる介護のプロさえいます。最新式のマシンガンを持っているベテランの傭兵もいれば、細い木の枝しか持っていない新人の傭兵もいるということです。

ただ、誤解を避けるために付け加えておけば、ここには、そもそも日本の介護保険制度の設計上の問題があるのです。根本的には、介護のプロの問題ではありません。
重ねて申し上げますが、日本の介護保険制度は、世界最高と言えるものです。これだけの制度を設計し、実装してきた人々がいるからこそ、仕事と介護の両立ができ、ビジネスケアラーが成立するのです。それでもなお、問題もあるということです。

日本の介護保険制度は、介護が必要になった要介護者のために誕生しました。このため、制度は、要介護者の日常生活を支援することを目的として設計されています。
しかしながら**日本の介護保険制度の実態からは、介護をする家族の負担を減らすという視点がスッポリと抜け落ちてしまっている**のです。[3]
たしかに、介護保険制度の目的の背景として介護離職の問題が語られてはいます。しかし、介護離職を防止しても1円にもならない設計になっていることは事実として認められなければなりません。
このため、介護のプロの中には「要介護者を支援することでお金をもらっているのであって、介護をする家族の負担を減らすことからお金を得ているわけではない」と考える人も出てきます。繰り返しになりますが、実際に、介護のプロが介護をする家族の負担を減らしても、1円ももらえません。

さらに、日本の社会福祉のための財源が枯渇しつつあることから、介護のプロには、「介護サービスを提供しすぎないように」と、自治体から常に強烈なプレッシャーがかかっています。

こうした背景から、介護と仕事の両立を図るために介護サービスを使うということに難色を示す介護のプロも存在するくらいです。

都市部では、介護人材不足が深刻に

社会福祉のための財源が足りなくなってきていますので、介護のプロには極端な低賃金労働が強いられ、常に人材不足です[4]。特に都市部においては、賃金の高い、介護以外の仕事がたくさんあります。そうした環境では、介護人材を確保することが困難になるのは当

地域別の状況（都道府県別有効求人倍率（平成30年8月））

○　介護関係職種の有効求人倍率は、地域ごとに大きな差異があり、特に都市部では高くなっている。

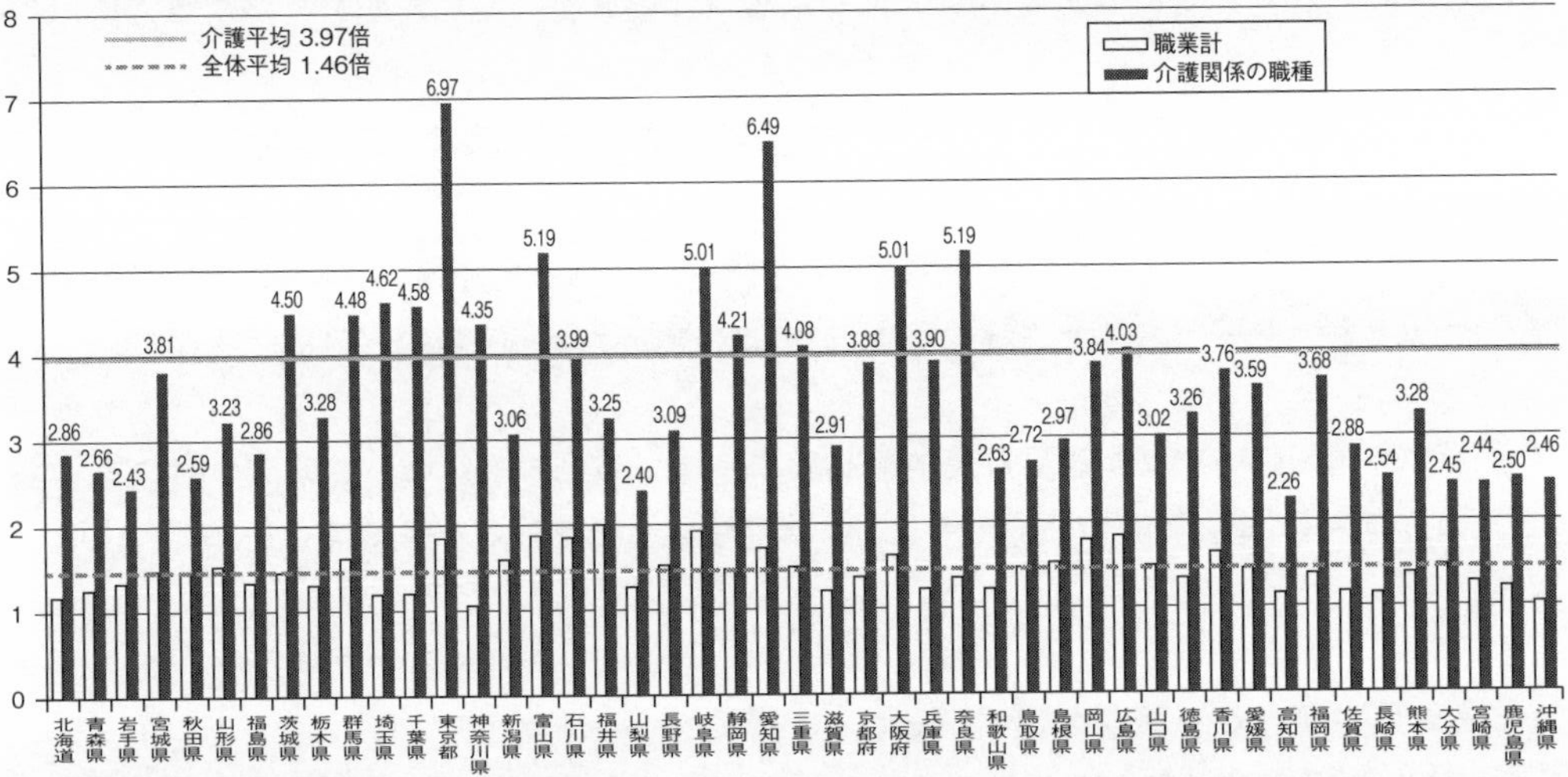

（厚生労働省「職業安定業務統計」より）　（※）介護関連職種は、ホームヘルパー、介護支援専門員、介護福祉士等のこと。

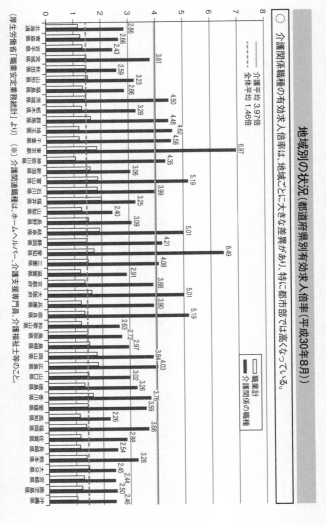

然でしょう。右ページの地域別の介護人材の有効求人倍率を見てください。

有効求人倍率の全体の平均1・46倍に対して、介護人材の平均は倍以上の3・97倍となっています。それだけ介護人材は見つからず、不足しているということです。そして人口が密集する都市部では、特に、介護人材の有効求人倍率が高くなっているのが目立ちます。「都市部だから大丈夫」というのは、介護においては正しくありません。都市部のほうが厳しいと理解する必要があります。少子高齢化が進む日本では、こうした介護人材不足の問題は、今後ますます悪化していくことになるでしょう。

このような、過度の人材不足を背景として、日本の介護においては、まず、身寄りのない高齢者の福祉が優先されます。同時に、心配する家族がいる要介護者の優先順位は、残念ながら低くなってしまうのです（家族が介護をすればよいという判断につながるので）。

今後、少子高齢化が進むとともに、この状況はさらに悪化していくので、ますます、家族の負担を下げるなどとは言っていられなくなります。特に都市部では、介護のプロに介護をお願いしたくても、そもそも介護のプロがいないという状況になっていくでしょう（介護の生産性が極端に上がらないかぎり）。

労働力不足の日本では、ビジネスケアラーの生産性向上の方向に改革を

また、日本の介護を担う介護事業者は、基本的に民間企業（営利企業）です。介護が必要な親の自宅が、介護事業者の拠点から遠いと、往復のための時間とコストがかかってしまいます。

しかも、介護事業者の多くは赤字です。[6] そんな介護事業者としては、身寄りがないだけでなく、自分たちの拠点から近い要介護者を優先せざるをえないという事情もあります。

しかしマクロに見れば、この状況は介護のあり方として大きく間違っています。そもそも介護保険制度を成立させている財源は、介護保険料（実質的な税金）でできているからです。そして**今後は、労働力不足の影響もあって、税収が不足していくことは明らか**なのです（日本全体の生産性が極端に向上しないかぎり）。

そうした状態にあって、介護で仕事を辞める人が増えてしまえば、国の税収も大幅に減

ってしまいます。離職をしないまでも、仕事と介護の両立が困難で、パフォーマンス低下を起こすビジネスケアラーが増えてしまえば、やはり国の税収は下がります。

そうなれば、税収に大きく依存している日本の介護は、根底から崩壊してしまうのです。本当は、**介護保険制度を、介護離職を減らす方向、ビジネスケアラーの生産性向上の方向に改革しなくてはいけない**のです。

とはいえ日本の官僚は優秀です。そんなことは十分にわかっています。なので、将来の介護保険制度の改正に向けた議論では、安倍政権時代の「介護離職ゼロ」を受け、この点が長く審議されてきました。結果として健康経営の評価指標にビジネスケアラー支援が入ったり、今後は、人的資本経営の重要項目にもなっていく可能性が高まっています。しかしそれでも、しばらくは、現状は変わらないという前提で、介護の負担を考えていく必要があります。

介護離職につながる「介護パニック期」を抜け出すには、こうした日本の介護保険制度における過去の設計エラーを背景として理解しておく必要があります。

そのうえで、日本の介護問題をマクロな視点から考えることができ、ビジネスケアラーが上手に両立するための手助けに情熱を燃やす優秀な介護のプロに出会う必要があるのです。

さらに不都合な真実もあります。こうした、仕事と介護をいかにうまく両立させるかのために働いてくれる、真の意味で優秀な介護のプロは、介護事業者の経営者から低い人事評価を与えられてしまうこともあるということです。

なぜなら、介護離職を防止しても、介護事業者の売上には1円も影響しないからです。それこそ、要介護者の自宅が介護事業者の拠点から遠ければ、こうした優秀な介護のプロが、赤字の原因を作ってしまうケースもあります。

このような環境においては、介護離職を避けるための相談をするうえで、本当に優秀な介護のプロに出会うことがいかに難しいかが理解できると思います。

しかし、そうした介護のプロに出会えないと、介護離職のリスクを下げることは（なかなか）できないのです。

とにかく1人、優秀な介護のプロに出会う

ビジネスケアラーとして生産性を落とさずに上手に両立させていく際には、1人でも優秀な介護のプロに出会っておくと、そこから先は嘘のように楽になることがあります。だいたい、志を同じくする人材はつながっているもので、1人から芋づる式に人脈ができ上がるからです。

先にも述べたとおり、経営学者のトーマス・ダベンポートは、ある人のパフォーマンスは、その人が持っている人脈に大きく依存していることを明らかにしています。また、優れたパフォーマンスをみせる組織は、公式な組織図で表現することはできず、非公式で個人的なつながりによるソーシャルネットワーク的なものであることもわかっています。[7]

あなたの日々のビジネスについて考えてみてください。ビジネスは、公式な組織図に沿って杓子定規に進められていますか？　それとも非公式で個人的なネットワークを頼りに

していますか？　公式な組織図も無視できないはずですが、そのほとんどは、個人的に信頼している人々との連携によって動いているのではないでしょうか。

介護についても同じことです。ただ、公式な窓口だけを利用していたら、理想的な介護は実現できません。信頼できる非公式で個人的なネットワークと合わせて、公式な窓口も利用していくという態度が必要なのです。

では、どうすれば、そうした優秀な介護のプロに出会えるのでしょう。そのことについて、この後詳しく考えてみます。

方法2
家族会に参加する

家族会という奇跡的な成功事例がある

ビジネスケアラーにとって、「とにかく1人、優秀な介護のプロに出会うことが大切」と言われても、具体的な方法が思い浮かばないという人も多いでしょう。

そんなとき、**まず頼りになるのが家族会です**。ここから家族会について、詳しく述べていきます。

在宅介護を進めている家族（介護者）は、誰もが大きな介護の負担と戦っています。先にも、介護をする人の4人に1人がメンタルヘルス不調をきたすことは述べました。さらに調査結果によっては、在宅介護をする介護者の64・5％までもが抑うつ状態（うつ病一歩手前）にあることが指摘されています。[8]

そんな介護者にとって、介護の負担を減らすための場になっているのが家族会です。同じ境遇に置かれている人々が集い、愚痴を言い合い、情報を交換して助け合うことで、介護に関する不安が解消されるという報告は多数あります。本音が言えて、ストレスが発散され、精神状態がよくなるのです。

一度家族会に参加すればわかることですが「あと一歩で、要介護者を殺すところだった」という思いは、一般に信じられている以上に誰もが感じていることです。ニュースで報道されるような事件は、決して極端な例ではないのです。ギリギリのところで「あと一歩」を踏みとどまっている人がたくさんいます。

もし、まだどこかの家族会に所属していないで、かつ、介護を1人で抱え込んでいるという実感がある場合は、ぜひ、介護のプロ（ケアマネジャーや地域包括支援センター）に相談しながら、自分に合った家族会を見つけて、顔を出してみてください。

介護にかぎらず、なんらかの困難を抱えた人同士が自発的に集まり、会の運営に主体性を持って、お互いの体験を共有し、ときに助け合うような集団のことを特にセルフヘルプ・グループ（self help group）と言います。家族会もまた、そうしたセルフヘルプ・グループの一形態です。

このセルフヘルプ・グループの大事な特徴としては、グループの運用を、その道の専門職に任せないという点にあります。

専門職に任せないことによって、参加者の横の関係が強化され（＝対等な関係）、専門職に聞けないことから主体性が刺激される（＝専門職の役割の減縮）からです。専門職がいる前では、素人である自分の意見は言いにくいものでしょう。それが、主体性を萎縮させてしまうのです。

セルフヘルプ・グループは、１９３５年のアメリカで、アルコール依存症の人々が立ち上げたのがはじまりと言われます。その効果が認められ、後に、アルコール依存症以外にもテーマが広がっていきました。今では、様々な困難を抱える人々が、様々な形でセルフヘルプ・グループを運用しています。代表的なものとしては、特定の病気や障害に悩む人のグループ、ギャンブルや麻薬などへの依存に悩む人のグループ、犯罪被害にあった人や遺族のグループなどがあります。

セルフヘルプ・グループにおける「わかちあい」

セルフヘルプ・グループでは、まず、同じ困難を抱えている人や、同じ経験をした人が集まるというのが前提です。介護をする家族のセルフヘルプ・グループであれば、介護をする家族以外の部外者は参加できないという排他性の原則が求められます。

このセルフヘルプ・グループが生み出しているのは、参加者が価値を創造し、また、別の参加者が創造した価値を消費するという、価値創造と消費の「わかちあい」です。ここについて、研究論文[9]を参考に、もう少し詳しく考えてみます。

まず、**同じ困難を抱えていないとわかり合えない気持ちがあります**。特に「要介護者を殺してしまいたいと思ったことがある」といったネガティブな感情は、溜め込んでしまうのではなく、同じような気持ちになったことのある人と「わかちあう」ことで、発散させる必要があります。

自分で自分が恐ろしくなるような気持ちであっても「介護者あるある」というところに落ち着かせることで、気持ちはかなり楽になるでしょう。

次に、**経験からしか得られない情報（それこそ優秀な介護のプロや、認知症に強いクリニックの先生など）を「わかちあう」ことは非常に有益です。**専門的な知識ではないにせよ、現場の経験から得られる知識というのは、力があります（ビジネスと同じです）。

悩んでいる仲間のために、よい情報を探したいという欲求も生まれるため、グループ全体の自発的な情報収集力も高まっていきます。結果として、１人ではとても知り得なかった情報を、グループに参加する皆が得られるようにもなります。

そして最も重要なのが、**困難を乗り越えるための考え方の「わかちあい」です。**同じ困難を乗り越えた人がいるというだけでも勇気づけられます。

さらに、困難を乗り越えるために、何を、どのように考えればよいのかという具体的なところがわかります。その内容だけであれば、専門職でも伝えられるようなことかもしれません。

しかし、同じ内容であっても、専門職から聞くよりも、実際にその困難を乗り越えた人から聞いたほうが、抵抗が少なく、スッと胸の奥に入りやすいという点が重要です。偉い先生が伝えることよりも、自分と同じ困難を抱えている人が伝えることのほうが、当事者ならではのリアリティーがあるからかもしれません。

特に男性には家族会に参加してもらいたい

介護をする男性（男性介護者）については、様々な（ネガティブな）特徴が報告されています。そうした報告の多くは、介護のプロの実体験から出ているものが多く、統計的事実とは言い切れないため、一部では「信頼性が低い」と考えられたりもしています。とはいえ数はまだ少ないのですが、研究者が統計的に調査した結果としての男性介護者の特徴が論文[10]として報告されているので、以下、この論文から学べることをピックアップしていきたいと思います。

まず、男性介護者は、周囲に相談することが苦手のようです。

そもそも男性は自分の弱さを周囲に示すことを嫌い、介護に限らず、誰かに何かを相談するという行為自体を否定的にとらえている可能性があります。俗に男性は、どこかで道に迷ったとき、知らない人に道を聞くのも苦手といいますね。

それに対して女性は、道に迷っても、すぐに周囲の知らない人に道を尋ねたりします。同じようなことが、介護でも起こっている可能性があります。

また、男性の場合は、なかなかうまく介護ができない自分を責める傾向が強いようです。「他の人だって介護をしながら活躍しているのだから、うまくやれないのは自分が悪い」という具合に、自分自身を責める「自責」をしてしまう可能性があるということです。

ビジネスの世界では「うまくいかないのは自分のせい、うまくいったら仲間のおかげ」といった思考を学びます。他人のせいにすることを特に「他責」と言って、それを悪いこととして習います。そうして積み上げてきた責任感が強すぎると、介護においては、それが裏目に出てしまう可能性もあります。

介護についても、男性は自分でしっかりと勉強し、完璧を求める傾向があるようです。それこそ知らない誰かに質問するよりも、自分で書籍で学びたいというのは、男性らしい特徴かもしれません。ある意味で、仕事に向かうときの真面目な態度を、そのまま介護に持ち込んでいるとも言えます。

一般に真面目であることはよいことかもしれませんが、完璧を目指すと大変なことになるのが介護でもあります。完璧にやろうとすれば、どうしても仕事との両立は不可能にもなるからです。

「どうせうまくいかない介護は、ざっくり、適当に」くらいの態度がちょうど良いといった意見は、介護の経験者から、よく聞かれるものだったりもします。

まとめると男性介護者は、

①周囲に相談できず、SOSを出すことができない
②うまくいかない介護について自分を責める

③完璧を求めすぎて、自分で介護のハードルを上げてしまう

という傾向があるようなのです。

だからこそ、男性こそ意識して家族会に参加してもらいたいと思っています。「辛くても歯を食いしばって、自分のことは自分でなんとかするのが男」といった男性社会特有の価値観が、仕事と介護の両立を阻んでしまう可能性があるからです。介護においては、どこかで、自分の肩の力をゆるめて「助けてください」と周囲に頭を下げる必要があります。それは、自分のためではなく、むしろ、要介護者や家族のためなのです。

品質の高い介護を届けることが目的であると理解すれば、そのために多少の恥をかくことなど、問題にならないでしょう。ビジネスにおいて、予算達成に真剣になることは、意外と、人として恥ずかしいことも受け入れなければならないことと同じです。

顧客からのクレーム対応をして「こんな姿は家族には見られたくないな」と思ったこと

は、誰にでもあるのではないでしょうか。しかしそもそも、生きるとは恥ずかしいことであり、それは自分が愛する誰かのためだからこそ、ギリギリ我慢できるものです。

パフォーマンスを落とさずにビジネスケアラーとしてやっていくには、知らない誰かに「助けてください」と伝え、恥をかくことがどうしても必要です。格好をつけている余裕などないと認識しましょう。

ここまでも強調してきたとおり、介護というのはチーム戦であるべきものです。決して、孤立して戦えるものではありません。これを個人技でなんとかしようとしてしまうところに、男性介護者ならではの弱さがあるのだと思われます。

男性社会はタテ社会であり、ヨコのつながりで機能するチームを組むということについての学びが足りないのかもしれません。

そもそも「1人でやれるなら、それに越したことはない」というのは、本当でしょうか。介護は、介護のプロに助けてもらいながら、また、周囲から勇気とアドバイスをもらいながら、そのうえで、要介護者まで巻き込んで、チームで考えていくべきものです。

さもないと、要介護者は、1人の介護者にのみ依存する形になり、かえって自立（依存先が分散されている状態）が失われることにもなりかねません。詳しくは149ページ「『自立』とは何か」で後述しますが、介護とは自立支援であり、介護を1人で行うことは、むしろ介護の失敗なのです。

人間は他者がいなければ生きていけない存在です。ですから、他者に助けを求めるのは弱さではなくて、人間にとって生きていくために必要な行為です。

むしろ、周囲の人を頼ることを恥として、そこから逃げるようにして個人技に走ることのほうが困った弱さではないでしょうか。特に男性は、そうした視点から、いまいちど、家族会への参加の重要性を認識してもらいたいです。

方法3

職場の支援制度と仕事環境の改善に参加する

介護と両立しやすい仕事の特徴を知り、評価・改善に関わる

「仕事と介護の両立は、もう、ちょっと難しいかもな……」と感じたときは、「辞める」という決断をしてしまう前に、勤務している企業の人事部などにも、必ず相談をしてみてください。

仕事と介護の両立は、あなただけでなく、企業にとっても大切な目標なのです。もしかしたら、あなたが、あなたが勤務している企業の新しい両立支援制度の構築に関わることになるかもしれません。

仕事と介護の両立について、どういう条件があれば従業員が「両立しやすい」と感じる

かを調査（サンプル数：594人）した論文[11]があります。

この調査では、仕事と介護を両立させるために職場に求められるのは3つの要素であることがわかりました。

ただし、この調査結果には、注意すべき点があります。それは、この調査に協力したビジネスケアラーたちの多くは、おそらくは、介護の素人だということです。そうした素人は、自分の仕事と介護の両立にとって本当に必要なことが、介護サービスに関する知識であるということを知らない可能性が高くなります。

そうした限界がある前提で、以下、3つの要素について考えてみます。

1つ目の要素は、**「意思決定権が分散されている職場（分権的な職場）であること」**です。

こうした職場のほうが、少数の権力者に意思決定権が集中している職場（集権的な職場）よりも、仕事と介護の両立がしやすいということです。集権的な職場では、従業員は、決められた仕事を決められたとおりに進めなくてはならないため、介護のために仕事を調整することが困難になるようです。

2つ目の要素は、**「自分の仕事をほとんど自分1人で完結することができて、同僚の仕事とは独立しているような職場（相互依存性の低い職場）であること」**です。

こうした職場だと、仕事と介護の両立がしやすいということです。逆に、自分の仕事が終わらなければ、同僚の仕事も終わらないような職場（相互依存性の高い職場）では、同僚に気遣って、なかなか自由に仕事の速度を調整することができません。結果として、急な介護対応がしにくくなり、仕事と介護の両立は難しくなります。

3つ目の要素は、**「目標は与えられていたとしても、それを達成するための中身については自由にしてよいような職場（職務自由度の高い職場）であること」**です。

こうした職場では、必要なときに自由に休みを設定することができるため、仕事と介護の両立がしやすいようです。逆に、仕事の進め方まで細かく決められているような職場（職務自由度の低い職場）では、これが難しくなります。

まずは、自分の職場が、これら3つの要素に照らして、どれほど両立に有利な条件が整っているのかを考えてみてください。そのうえで、有利な条件が整っていれば、ビジネスケアラーとして十分にうまく両立していけます。むしろ仮に介護離職をして、再就職先のほうが両立のための条件が不利だったりすれば、悲惨なことになるからです。

職場環境をより両立しやすい状態に改善していく

問題は、現在の職場には、こうした条件が整っていないときです。

その場合であっても、いきなり会社を辞めるという決断は得策ではありません。まずは、**上司や人事部に相談しながら、企業内でより条件の整った仕事に配置転換できないかを考える必要**があります。

次に、**今の職場の仕事のあり方そのものを見直していくことはできないかについても、考える必要**があります。

そもそも優れた介護が実現されている場合、日々の介護は、実質的に介護のプロに「丸投げ」できている状態にあります。そうした優れた介護が実現されていれば、介護のために仕事を休む必要がありませんから、先にあげた３つの要素を無視することも可能になります。

このあたりに関しては、先にも言及したとおり、仕事と介護の両立に必要なのは介護サービスに関する知識であることを思い出す必要もあるでしょう。

企業としても、今後は、先の3つの要素に沿った職場に変化していけないと、離職やパフォーマンス低下につながってしまいます。

同時に、介護サービスに関する知識も、社員にしっかりと教育していく必要があります。

そのため、あなたがビジネスケアラーとして具体的に苦しんでいることを前提とした、両立支援制度に関する提案をもらえること自体は、大歓迎なはずです。**あなた自身が両立の成功事例となって、職場環境をより両立しやすい状態に改善していければ、素晴らしいことでしょう。**

また、そのときの改革のノウハウは、付加価値が高いため、他の企業もきっと欲しがります。場合によっては、仕事と介護の両立コンサルタントとして、そうした働き方改革に関わっていくというキャリアも見えてくる可能性さえあります。

ＡＩに奪われない仕事は、仕事と介護の両立がしやすいかもしれない

さらに、少し違った視点からも、ビジネスケアラーとして両立に成功しやすい仕事について考えてみます。それは、人工知能（ＡＩ）に奪われない仕事をしていると、仕事と介護の両立がしやすいかもしれないという話です。

Ｃｈａｔ（チャット）ＧＰＴの登場と普及によって、もはや専門家であっても、人工知能によって人間の仕事が奪われることに疑問を持たなくなってきています。そして現在、世界中で、人工知能を使った業務効率化が進んでいます。同時に、世界中の企業において、人工知能の活用を理由とした雇い止めやリストラの嵐が吹き荒れつつあるのが実情です。

人工知能に奪われそうな仕事ランキングのようなものも多数発表されています（なお、介護の仕事は「奪われない」ほうにランクインする傾向があります）。ただ、こうしたランキングのようなものは、現場のことをあまり知らない学者などが出していることも多いため、信頼性は（それほど）期待できません。

そうした中、人材紹介会社のロバート・ウォルターズ・ジャパン株式会社がアンケート調査をした結果（有効回答数：293人）[12]、人工知能に自分の仕事が奪われる不安には、年収依存性がありそうだということがわかってきました。

調査対象となっているのは、いわゆるグローバル人材（外資系企業やグローバルに事業展開する大手企業に勤務するバイリンガル人材）に限定されている点には注意が必要ですが、とても示唆的です。

まず「自分の仕事がＡＩに奪われる時が来ると思うか？」との問いに対して「はい（奪われます）」と回答したのは39％になりました。逆に「いいえ（奪われません）」という回答は61％になっています。だいたい４割くらいの人が、人工知能を脅威に感じているということになります。

人工知能を脅威に感じている人材は、その98％が、なんらかのスキルアップによって、この危機を乗り越えようとしていました。上位から、課題解決スキル（33・7％）、経営スキル（32・１％）、創造力（28・９％）、情報分析スキル（26・９％）といった具合です。

どれも、経営に近いところで仕事をするためのスキルアップであり、経営者からの距離が遠いと危ないということかもしれません。とにかく、ただ座して危機を待っている人材はほとんどいないというのは、頼もしいかぎりです。

「高プロ」人材を目指す

ただ、先の数字だけでは見えないことがあります。そのためには「高プロ」と呼ばれる人材について、少し理解しておく必要があります。

「高プロ」とは「高度プロフェッショナル制度」のことを示す言葉で、一般の労働基準法とは異なる法律で人材を管理する制度や、その制度が適用される人材のことを意味しています。

一般の労働基準法では、基本的に、労働時間は１日８時間、週40時間までであり、それを超過する場合は残業代が支払われなければなりません。休日出勤や深夜残業には割増も必要です。しかし「高プロ」はというと、労働時間の規制や残業代、休日出勤や深夜残業の割増などの支払い対象とはなりません。

その代わり「高プロ」として認定されるには年収が1075万円を超えていることや、時間にしばられない専門性（アナリスト、コンサルタント、研究開発職など）があることが必要条件になります。「高プロ」の場合、いつでも好きなときに仕事をしながら、成果だけで評価されることになります。

そんな「高プロ」に認定されるか、それに近い条件になっている人の場合は、先の質問「自分の仕事がAIに奪われる時が来ると思うか？」に対して「はい（奪われます）」という回答は27％にすぎませんでした。これに対して、年収が450万円未満の労働者の場合「はい（奪われます）」の割合が54％と「高プロ」の2倍になったのです。

仕事の成果を、労働時間とは関係なく追い求めることができる人材は、仕事時間を自由に設定しやすいでしょう。こうした状態は、仕事と介護を両立するうえで、非常に有利になります。なぜなら、介護をしていると、どうしても急な対応が求められることも多いからです。

その意味からすれば、ますます高齢化が進む日本において、介護離職や介護によるパフォーマンス低下を減らしていくということは「高プロ」として働ける人材を増やしていくということでもあるでしょう。そのために必要となるのは、まさに、課題解決スキル、経営スキル、創造力、情報分析スキルといったものになります。

人工知能に仕事を奪われないために努力をすることは、そのまま、介護離職から遠ざかることにもつながるのかもしれません。

誰もが「高プロ」として働くことは難しいでしょうが、それでもなお、仕事と介護を両立させていくための方向性のようなものは、これによって示される可能性があります。

介護休業制度を理解し、上手に活用する

いかなる企業であっても、法律には逆らえません。そして、介護のために休んだり（介護休業・介護休暇）、残業を拒否できたり（残業免除）、また、そうした行為によって不当に扱われない（介護ハラスメント防止）ということは、日本の法律で決まっています。法律とは最低限の倫理にすぎませんから、企業によっては、こうした法定の制度を大きく超えて、より仕事と介護の両立に悩む従業員のための制度を整えているところもあります。今後は、健康経営の評価指標として、ビジネスケアラー支援の拡充が求められますから、こうした法定の制度を超えていくことは、より一般的なことになっていくでしょう。

もちろん、**法定の制度を理解して、それを上手に活用していくことは、仕事と介護の両立をするうえで大切なこと**です。しっかりと、人事部（人事部がない場合は上司や経営者）と話をしながら、当然の権利を確保することを忘れないでください。

ただし、ここでどうしても注意しておきたいことがあります。それは、**法定では対象1**

人につき3回まで、通算で93日まで認められている介護休業の実際の使い方です。

当然の権利だからということで、1回で93日をめいっぱい休んでしまうと、かえって介護離職のリスクが高くなるかもしれないのです。

介護休業を長期でとるのはおすすめしない

マスコミでもよく取り上げられる引きこもりは、なにも、子どもにだけ起こることではありません。社会人にも引きこもりは起こります。これまで引きこもりとは無縁の人生をおくってきた人にとって「ちょっと休む」ことの怖さは、なかなか実感できないかもしれません。

しかし引きこもりに至る心理的なプロセスは、意外と誰にでも起こりえるものであり、そのはじまりは「ちょっと休む」ことなのです。実際に、社会人が引きこもりになる理由として最も多いのは「ちょっと休む」結果として、どんどん職場に適応できなくなってしまうことが最多（28％）なのです。

きっかけは、「仕事と介護の両立がストレスだから、ちょっと休んでゆっくり介護したい」だったとしても、介護のために93日も連続して休んでしまうようなことになれば、それ以前にあなたが行っていた仕事は、他の誰かに引き継がれているでしょう。そうなると、職場に復帰しても、あなたの仕事はもうないかもしれません。

こうした場合「自分がいなければ仕事にならない」といった自尊心は、復帰するときには砕かれています。自分があまり必要とされていない職場に、自分が戻る理由は、どこにあるのでしょう。そんなことをグルグルと考えはじめると、もう1日くらい休んでおくかという気分にもなります。

さらに、**介護の実態を考えても1回で93日を取得することはすすめません**。介護休業をとるにしても1回でとらずに、3回に分けてとり、介護初期のパニック期やアクシデントが起きてその対応に時間がかかりそうなときにとるようにしたほうがいいでしょう。介護のめどがついたとはいえ、復帰してからも、介護のために再び休む必要が出てくることもありえるからです。

そもそも、ビジネスケアラーとして上手に両立していくということは、職場への適応性を多かれ少なかれ少し下げるということでもあります。程度の差はあれ、出張や残業がしにくくなるのが現実だからです。

介護休業は、かなり長期の休みが認められる制度です。その取得は、介護のめどをつけるためには、たしかに必要なものかもしれません。それでも、そこには引きこもりが生まれてしまう心理的なプロセスが、リスクとして大きな口を開けていることは覚えておいてください。

ただ、「介護休業を長期でとってはいけない」と言いましたが、実はそう言うまでもなく、そもそも「介護休業制度をとりづらい」と感じているビジネスケアラーも多いかもしれません。

１４１ページに、介護休業制度、介護休暇制度、介護時短制度が、実際にどれくらい利用されているのかに関する、弊社の独自データを示します（サンプルサイズ２５５人）。

この分析から明らかなのは、大多数のビジネスケアラーは、介護休業制度などの存在は正しく認識してはいるものの、それを利用していないという事実です。その理由は、介護のためのお金が稼げなくなることだけでなく、職場の理解が得られないことや、評価が下げられてしまう恐怖など、様々です。

いざというときには休みやすい職場である必要はあるでしょう。ただし、**実際のビジネスケアラーたちが求めているのは、休みやすさではなく、とにかく仕事に穴を開けないで介護も成功させること**なのです。この点についての理解は、まだ日本の企業には広がっていないというのが現実です。

介護離職のボーダーラインは、平日平均2時間、休日平均5時間

さらに決定的なデータがあります。平日平均2時間以上、休日平均5時間以上を介護のために使ってしまう人は、介護離職をするというもの[13]です。これは介護離職のボーダーラインであり、本人はもちろん、企業もまたしっかりと認識する必要があります。

「休みやすい職場」もたしかに大切なことですが、「仕事を休まずに、介護を行っていける具体的な方法」を情報として得られる環境が、ビジネスケアラーにとって重要なのです。

企業の「介護支援制度」に対するビジネスケアラーの認知度・利用率(%)

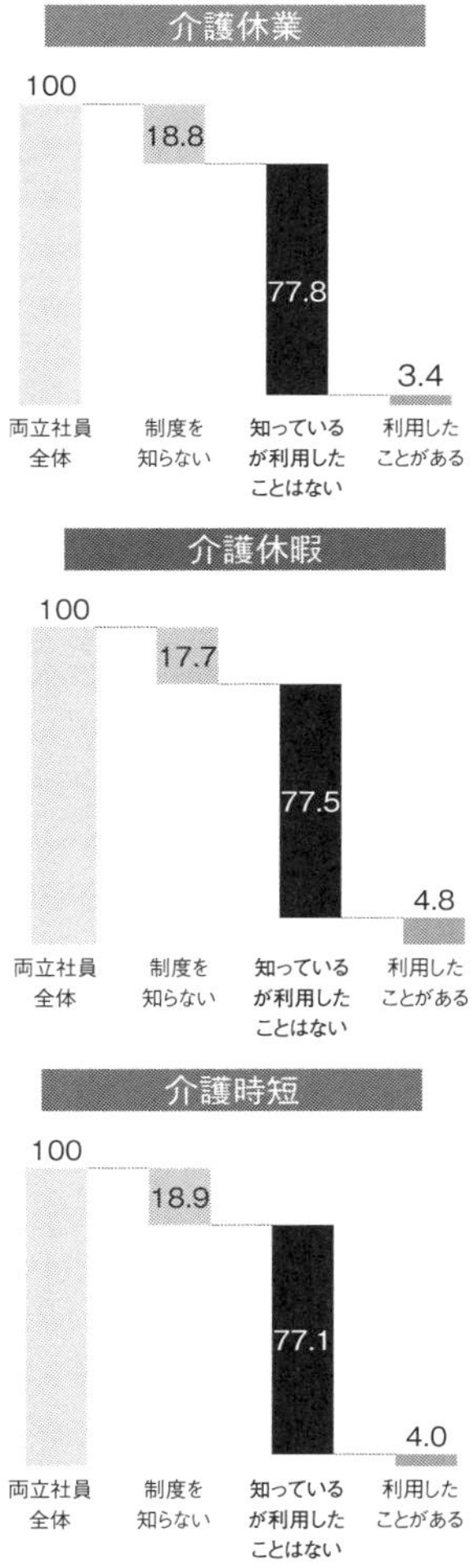

いかにそれが当然の権利であったとしても、介護のための長期の休みは可能なかぎり避けたいところです。

午前休や定時退社などを組み合わせつつ、どうしても休む必要があるときは、長期の介護休業ではなく、できるだけ短期に、介護休暇や有給休暇などで対応していくことを考えてください。介護休暇は、21年の法改正で時間単位での取得も可能になりました。

そして有給休暇のうちの何日かは、できるだけ、家族との旅行のためなどに残しておくことも忘れないようにしましょう。

（1）より正確にはＷＢＳ（Work Breakdown Structure）を記述し、アクションリストを作成することが必要です。ＷＢＳを書いたことのある人（プロジェクトマネジメントの知識のある人）であれば明らかなとおり、その作成を1人で行うことは危険です

（2）経済産業省、『新しい健康社会の実現』、第13回産業構造審議会経済産業政策新機軸部会（２０２３

年3月14日）
（3）この点ではドイツの介護保険制度が進んでいます。ただし日本でも、通所介護やショートステイの基本方針には「利用者の家族の身体的および精神的負担の軽減を図るものでなければならない」というように、一応、家族の負担軽減についても触れられている事例はあり、将来はまったく希望がないわけではありません
（4）介護職の待遇は、40歳モデル賃金のランキングにおいて、全63業界の中でもダントツの最下位にあります（東洋経済、『格差歴然！　40歳平均年収「63業界」ランキング』、２０１７年9月8日）。このため、２０２５年には、38万人の介護職が不足すると考えられています
（5）厚生労働省、『介護人材の処遇改善について』、第１６５回社会保障審議会介護給付費分科会（２０１８年11月22日）
（6）毎年、過去最高の倒産件数というニュースが入ってきます。たとえば日経メディカル、『介護事業所の倒産、２０２２年は過去最多に』、２０２３年1月19日など
（7）Robert H. Waterman, Thomas J. Peters and Julien R. Phillips, "Structure is not organization", Business Horizons, 1980, vol. 23, issue 3, pages 14-26
（8）松村香、『介護者の抑うつ状態や介護負担感と『介護に関する困ったことや要望』に関する自由記

述との関連』、日本健康医学会雑誌（2）、125－135、2014－07－31
（9）本間利通、『セルフヘルプ・グループの特性』、流通科学大学論集、経済・経営情報編（2009年）
（10）西尾美登里、et al.、『在宅で認知症を有する療養者を介護する男性介護者の対処尺度項目の検討』、バイオメディカル・ファジィ・システム学会誌、Vol.16, No.1（2014年）
（11）細見正樹、『仕事と介護を両立しやすい職場の特徴について：集権性、相互依存性、職務自由度に着目して』、経営行動科学学会年次大会：発表論文集（17）218－223、2014－11－08
（12）ロバート・ウォルターズ・ジャパン株式会社、『会社員の6割「AIに仕事を奪われない」と予想 高プロvs一般職 年収差で意識に違い』、2017年11月28日
（13）力石啓史、『仕事と介護の両立と介護離職に関する調査結果』、生活福祉研究 通巻 89号（2015年2月）

第3章

介護と肯定的に向き合う

「生きる」ということがきちんとできている人は少ない。ほとんどの人は、ただ「存在」しているにすぎない。

――オスカー・ワイルド

第1章では、ビジネスケアラーとして知っておきたい10の新・常識についてお伝えしました。続く第2章では、「どうやって仕事と介護を両立させていくか」の具体的な3つの方法について述べました。

しかしここまでは、親の介護を「自分に降りかかった災難」として認識し、その影響をできるだけ小さくするという考え方を示しただけです。

介護離職は絶対に避けるべきです。介護によるパフォーマンスの低下も、受け入れてはなりません。しかしそれでも、介護とともに生きるという負担は、これからずっと続いていきます。

介護は、それへの理解が進んでいかないかぎり、どこまでもネガティブなものになるでしょう。しかし介護は、ただの面倒ではありません。それをどのような角度から見るのかによって、介護にはポジティブな面も現れてきます。

日々の介護に疲れているなら「まさか介護がポジティブだなんて」と感じられることでしょう。私自身も、介護を全面的に肯定したいとは到底思えません。実際に「あのとき、介護がなかったら……」と考えない日はありません。私自身の中にも、たしかに介護を恨んでいるところがあります。

私は現在、ビジネスケアラーの介護離職や介護によるパフォーマンス低下を少しでも減らすため、介護支援のビジネスを自ら立ち上げ、行っています。そうして、多くの介護職(介護のプロ)と関わる中で、彼ら/彼女らの考え方や価値観にふれています。その過程で、私は、介護を自分の人生の一部として(少しは)肯定することもできるようになりました。

最終章となる第3章では、**介護そのものからは逃れられないことを覚悟しつつ、それと肯定的に向き合うための指針**について考えていきたいと思います。

指針１
介護とは何かを問い続ける

「自立」とは何か

「自立」という言葉は、残酷です。これほどまでに誤解され、結果として多くの不幸を生み出している言葉はないからです。

まず、**自立とは、誰にも頼ることなく生きられる状態のことではありません。**これが人間を不幸にする決定的な誤解です。

東京大学准教授の熊谷晋一郎氏（小児科医）は、ご自身の障害とともに生きる人生を通して、**真の自立とは、その人が依存する先が複数に分散されており、ただ１つの依存先に隷属（奴隷化）している状態から自由であることだ**と述べています。

自立が進んでおらず、ただ1つの依存先しかないと、個人は、依存先に対する交渉力を失います。これは、依存先の言いなりということです。ですから交渉力を失うと、相手に隷属することになってしまいます。結果として、自分の人生のあり方を自分で選択することができなくなるわけです。

例えば、誰もが子どもだった頃は、自分の衣食住を支配する親に遠慮をして、自分の意思を通せないことも多かったでしょう。

やりたいことがあっても、親に反対されてあきらめた経験もあるはずです。自らの進路でさえ、完全には自らの自由にはならなかったと思います。ある意味で、自分は親の奴隷であると感じていた人も多いのではないでしょうか。

だからこそ、子どもが親から自立する（大人になる）ということは、人生において大切な一歩なのです。

子どもには、親から自立したい、自由になりたい（自分の人生は自分で決めたい）という欲求があります。これが、子どもの反抗期の基礎にもなっています。実際に、子どもに反抗期がないことは、決して良いことではないと直感で理解している人も多いでしょう。

自立への意思が、必ずしも反抗期として顕在化する必要はありません。しかし、これから大人になろうとする子どもから、なんら自立への意思が感じられないとするならば、問題です。

一般に、子どもが親から自立するということは、子どもが就職をして親元を離れることを指しているでしょう。ただしそれは、子どもが、何にも依存しなくなることではありません。厳しく言えば、衣食住のすべてを親に依存していた子どもが、就職先というあらたな依存先を得るにすぎません。

しかし、そうした就職によって、子どもは、親への依存を相対的に小さなものにすることができます。そして、自分の人生を自分で決められるという自由が（ほんの少しではあっても）増すことになります。

もちろん、就職してしまえば、子どもは親を一切頼らなくなるわけではありません。大人であっても、何か困ったことがあれば、親に相談することもあるでしょう。時には、親から金銭的な援助を受ける必要もあるかもしれません。しょっちゅう親を頼るのは問題ですが、たまのことであれば、それはとても自然なことです。親としても、時には子どもが自分のことを頼ってくれたほうが嬉しいものです。

とはいえ、収入源がただ1つの勤務先に依存しているというのは、やはりまだ隷属に近い状態にあるとも言えます。このうえさらに、長期の住宅ローンなどを抱えていたら、自由は失われ、勤務先への隷属としか言えない状態にもなりかねません。実際に、多くの人が、この状態から抜け出すことに苦労をしているはずです。

だからこそ、**特定の勤務先でしか通用しない特殊能力ではなく、世間一般に通用する職務能力を磨く必要**があるのです。また、副業を得て収入源を分散させることができれば、私たちの自立はさらに進むでしょう。

副業は、ブームだから行うようなものではありません。安易な副業は、本業のパフォーマンス低下につながり、かえって、よくない状態にもなりかねないからです。それでもなお、副業を考えていく必要があるのは、私たちが根源的に求めている自立（奴隷状態からの卒業）を手にするためです。

親にのみ依存していた子どもが、就職をして特定の勤務先にも依存するようになります。それがさらに、特定の勤務先ではなく、複数のクライアントに依存できるようになっていくわけです。

このように、**依存先が複数に分散されてはじめて、人間はより自分らしく生きることが**

可能になります。自立が進むと、やりたいことがあれば（それが合法であるかぎり）誰にも遠慮する必要がなくなるからです。

こうした状態、すなわち**自立していることは、個人の幸福追求にとって非常に大切なこと**です。好きな場所で、好きな人と、好きなことをして暮らすことの基礎は、自立にこそあるからです。つまり人間の幸福は、人生の依存先が複数あることと密接に関係しているのです。

介護は「自立支援」である

「介護とは自立支援である」と言われます。

自立の意味を誤解していると、この介護の定義には戸惑うでしょう。なぜなら、要介護状態（介護が必要になる状態）にあれば、必ず、他者の助けが必要になるからです。要介護者（要介護状態にある人）になるとむしろ、それまでの人生以上に、より多くの他者に依存して生きることにもなります。

しかし**自立とは、依存先を増やしていくことであると理解すれば、この「介護とは自立**

支援である」という定義もスッと頭に入ってくるはずです。

実際に、優れた介護においては、要介護者は、この人がいないと死んでしまうという状態、すなわち特定の人への過度な依存が上手に避けられています。だからこそ要介護者であっても、特定の誰かに隷属することなく、自らの幸福を自分の意思で追求する自由が残されるのです（自己決定の原則）。

これこそが「介護とは自立支援である」と言われる背景です。

あなたは、親に介護が必要になったとき、親のことを大切に思う気持ちから「介護のすべてを自分がやってあげたい」と思うかもしれません。しかしそれは、親からすれば、あなたがいなければ生きていけないという、ただ1人の人間への依存と隷属につながります。

換言すれば、それは、大人として自立してきた親を、あなたの子どもにしてしまうということです。こうして親子関係が逆転した先にあるのは、広い意味での虐待です。これが親の幸福追求の邪魔になります。

親に介護が必要かどうかにかかわらず、親を子ども扱いするのは、ご法度《はっと》です。親にとって子どもは何歳になっても子どもです。子どもに対して親としての威厳を保つことは、親の人生にとって、非常に重要なことです。

親の立場からすれば、子どもに尊敬される状態であることが、人生の成功なのです。介護が必要になったからといって、子どもに隷属し、面倒がられる立場になることは、許せないことです。どうしても誰かに依存しなければならない介護は、親の自立を脅かすからこそ、あくまでも自立支援であるべきなのです。

自立とは、誰にも頼ることなく生きることではないことを再度強調させてください。自立とは、自分の人生を助けてくれる依存先が複数に分散されており、自分らしく生きるための自由が確保されている状態のことです。

そしてそれが、人間の幸福追求の基礎になっています。**いかに親を大切に思っていたとしても、それが結果として親の自立の邪魔になってしまうなら、それは介護の失敗を意味しています。**

介護とは、心身になんらかの障害を抱え、要介護状態になった人の自立を支援することです。決して、要介護者を特定の誰かに過度に依存させることではありません。要介護者であっても、いやむしろ要介護者だからこそ、**自分でやれることはできるかぎり自分でこなす必要があるのです**（残存能力活用の原則）。

繰り返しになりますが、自立の定義を間違えたまま介護に関わると、必ず大きな不幸を生み出してしまいます。

特に「自分の親の介護なのだから、すべて自分がやってあげたい」と考える善人ほど、悲惨な介護に突入しがちなのです。ニュースになるような介護をめぐる虐待や殺人は、むしろ、自立の定義を誤解した善人が起こしているという認識が求められます。

「生きていてよかった」と感じられる瞬間の創造

しかしこうしたことは、頭ではなんとなく理解できたとしても、実感はなかなかわかないものだと思います。その理由は簡単で、介護をする側であるかぎり、介護を受ける側の本当の気持ちは、理解できないからです。

実際に介護をしていたり、他者の介護の苦労話を聞いていると、介護のことを「下の世話」くらいに考えてしまう場合もあります。

例えば、認知症になった親が、自分の便を素手で触ったり服や壁などにこすりつけたりする（弄便《ろうべん》）のを見るのは、精神的にきついものです。毎日のようにそうした現場にいれば、介護のことを自立支援と感じることも困難になります。

私たちが、介護を「下の世話」だと考え、それが10年以上もの長期間にわたって続くことになれば、どうしても心が折れてしまいます。

ですから、外から見れば同じことをしていても、**長期的に頑張れる人と、短期で折れてしまう人の違いを理解する必要**があるのです。

ビジネスでも同じことですが、**大事なのは、対象となる仕事に対して自分なりの意義（信念）を持っているか否か**です。もっとはっきり言えば、なんのために「下の世話」までしているのかという理由（介護の目的）を自分なりに持っている場合と、持っていない場合で、私たちの介護との関わり方は大きく変わります。

ここでぜひ、多くの方に知ってもらいたい、Aさんの介護事例があります（写真も含め、ご本人、ご親族より掲載の許可を得ています）。少し長くなりますが、**大切な事例ですので、他のところは読み飛ばしても、この事例だけは必ず読んでください。**

Aさんは18歳から45年間、ずっと同じ会社に勤め、仕事帰りには行きつけの飲み屋

（新橋）で飲んで帰るのが日課でした。結婚する暇があるなら神輿《みこし》を担いでいたほうがよいと、仕事が休みの日は担ぎ手として日本全国を飛び回っていたようです。また、Aさんご自身も、50代のときに実母の介護をしています。仕事と介護を5年間両立させ、最期は自宅で実母を看取っています。

定年まであと半年となった2012年の夏、いつもの飲み屋から自宅に帰り、床に就くと、今まで経験したことのないような頭痛がAさんを襲います。あまりの痛さに義姉に電話をすると、すぐに救急車を呼んで病院へ行くよう諭されました。なんとか力を振り絞り、119番へ電話しましたが、Aさんにはその後の記憶はありません。気がつくとAさんは病室のベッドにいました。思うように左手、左足を動かすことができませんでした。また、すべての歯は抜け落ちていました。そして、医師からは「あなたは脳梗塞により危篤状態となり、あと一歩遅ければ亡くなっていたかもしれない」と説明を受けました。

Aさんは、変わり果てた自分の姿を受け入れることができず、自暴自棄になりました。医師や親族からは、自宅へ帰ることはあきらめ、介護施設へ入所することを提案されます。どうでもよくなったAさんは、言われるがまま、施設入所を決めました。しかしいざ施設と契約する段階となったとき、自分でもよくわからない感情が込み上げ、やっぱり家へ帰ると泣きながら周囲に懇願したのでした。

病院関係者から介護職のところに連絡があり、介護職はすぐにAさんのいる病室を訪れました。はじめて会った介護職に対してAさんが言った言葉は、今でもその介護職の記憶に鮮明に残っているそうです。

「俺には生きる価値がない。あなたに用はないから帰ってくれ」

介護職は、この日は簡単な挨拶だけで済ませるしかありませんでした。その後、この介護職は定期的にAさんを訪ね、少しずつ馴染んでいき、Aさんが自宅へ帰るための準備を進めました。

Aさんは6カ月にも及ぶ入院生活を終え、久しぶりに自宅に戻りました。しかし、それを喜ぶAさんの姿はありませんでした。Aさんは「これからどうやって生きていけばよいのだろう」という不安を抱えていたのです。

それでもAさんは、介護施設に通うことは頑なに拒みました。そのまま、ずっと自宅に引きこもるような生活が6カ月ほど続きました。この期間、Aさんが接する他者は、介護職と親族のみとなってしまっていました。実質的にAさんは、ほとんどの時間を1人で過ごしていたのです。

ある日、入浴介助をしていた介護職が、Aさんを介護施設に誘い出すことに成功します。この介護職は、介護の仕事を始める前は板前をしていた人です。Aさんが刺身好きと聞いたこの介護職は「新鮮な魚をさばくから」とAさんを誘ったそうです。はじめのうち、Aさんは、そうして介護施設へ通いでやってきても、周囲と打ち解けることはありませんでした。しかし、自宅から外に出る機会が増えるにつれて、少しずつAさんに笑顔が見られるようになってきたのです。そしてAさんは、他者から話しかけられての笑顔だけでなく、自ら冗談を言って、他者を笑顔にすることも増えてきました。

歩行器を持っているAさん／右から2人目

その頃、介護職との対話の中で、Aさんは「これからどう生きていくのか」というテーマにふれるようになりました。また、自分が倒れてからの人生を振り返り、当時の心境についても詳しく話すようにもなったのです。

Aさんは「当時は何もかもが嫌になっていた。しかし、いろいろな人に応援してもらい、今は感謝の気持ちでいっぱいである」ということを頻繁に口にするようになりました。

Aさんは、自身に起こったことを受容しつつありました。そしてAさんは、介護職に対して「自分が死ぬまでにやりたいこと」を伝えました。それらは、

①行きつけだった新橋の店に行くこと、②神輿を担ぐこと、③結婚すること、でした。

その翌週、介護職はAさんを連れて、その新橋の店（居酒屋）に行きました。たまたま、女将さんが店の外で片づけをしているところに到着しました。そのとき、女将さんは、目をまん丸くしてAさんを見たそうです。女将さんは、Aさんが体調を崩し、そのまま亡くなったと聞かされていたからです。

少し時間が経つと、その店に、古くからの常連たちがやってきました。そして皆が「生き返ったAさん」に驚き、尽きない談笑を楽しんだのです。

そんな具合にして、Aさんは、自分の状態に合わせた生き方を少しずつ見つけていきました。日々、生活に必要な動作も反復していましたので、体の動きも退院当時よりもずっとスムーズでした。

そして、神輿を担ぐことについて介護職とじっくり話をするようになったのです。

Aさんは、本音では神輿を担ぎたいと思っていました。しかし、神輿を担ぐことはそんなに甘くありません。そしてAさんは、自分が無理やり担いでも、かえって周りに迷惑をかけるだけと、神輿をあきらめていました。

しかし「あきらめることは後でもできます。とりあえずできる一歩を踏み出しませんか」という介護職の誘いに、Aさんはついに腹をくくります。

ターゲットとしたお祭りの日まで、9カ月の時間がありました。リハビリを担当する別の介護職（正確には作業療法士）が、段階的に3カ月間のメニューを作り、それを実行するということをしました。こうして書くと簡単なことのように思えますが、Aさんとしては、精神的にもかなり厳しいリハビリになりました。

いよいよ神輿を担ぐ前日となり、Aさんの気持ちも高ぶってきました。担ぐ前に神輿を見てみたいというAさんとともに、祀られている神輿を見ていたときです。Aさんに声をかけてきた男性がいました。その男性は神輿会の前会長で、なんと、Aさんの小学校時代の同級生だったのです。現会長さんからAさんのことを聞きつけ、Aさんに声をかけたとのことでした。60年ぶりの再会ではあったものの、すぐに打ち解け、お互い励まし合っていました。

当日、拍子木の合図で神輿を担ぎ上げ、そこにAさんが加わります。事前の取り決

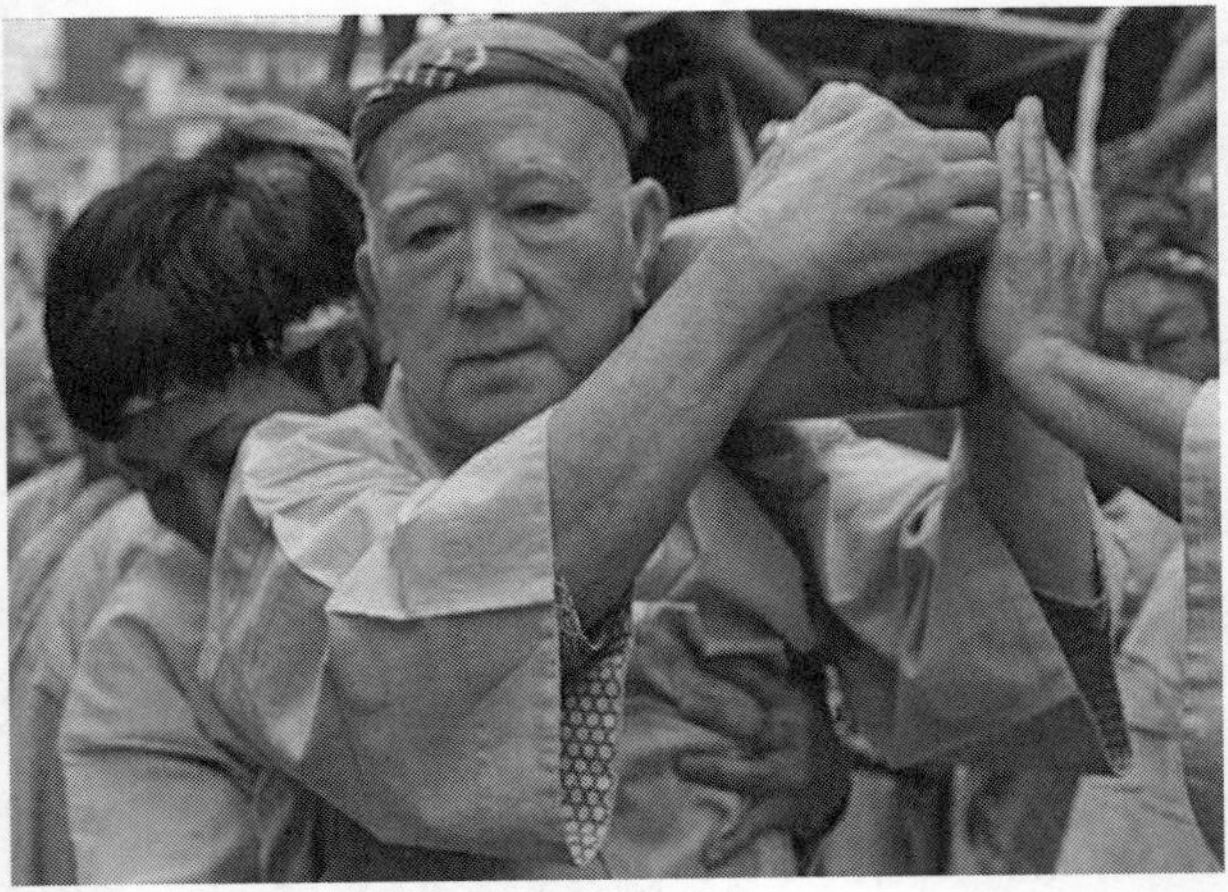

後ろから介護職に支えられているAさん

めでは3分程度と言われていたのですが、もっと長く担いでいたような気がします。Aさんは担ぎはじめて、しばらくはその雰囲気にのまれ、顔がこわばっていました。しかし、だんだんとまっすぐ前を見据え、顔つきが凛々《りり》しくなっていきました。

担ぎ終えた後にAさんは一言だけ「もっと担ぎたかったな」と言葉を発しました。担ぎ終えたAさんには割れんばかりの拍手が起こり、周囲にできた人だかりがなくなるまでに、かなりの時間を要したことは言うまでもありません。

Aさんは現在、少しずつ、次のステ

Aさんの笑顔

ージへ向かっています。介護職は、Aさんと同じような状態にある人のために、Aさんを講演会の場に立たせようとしています。また、Aさんが今、女性に会うたびに、自分が家を持っていることをアピールしているのは、本気で結婚をしようとしているから……かもしれません。

私は、このAさんの実話にふれて、**介護とは、相手が「生きていてよかった」と感じられる瞬間の創造**だと考えるようになりました。それに成功したとき、介護をする側もまた、とても幸せな気持ちになることにも気がつきました。

これが、私にとって、**介護がただの面倒から、人生にとってとても重要なことに変わった瞬間です。**

そう考えたとき、さらに思い当たることがあります。それは、介護というのは、必ずしも、心身に障害を抱えている人にだけ必要なものではないということです。

仮に心身に障害を抱えていたとしても、自分の人生に十分満足しており「生きていてよかった」と感じられる瞬間に恵まれている人には、なんらかの支援は必要でも介護は必要ないのかもしれません。

しかし、仮に健康に見えたとしても、自分の人生に絶望しており「生きていてよかった」と感じられない人には、なんらかの介護が必要だと思います。

この違いは、自分で自分の人生を選べるかどうか、すなわち自立にかかっています。人間は、選択肢のない状態には不幸を感じるようにできています。

逆に、それなりに選択肢があると、自分の価値観を見つめ、それに合った選択肢を考えるようになります。結果として、限定的な環境にあったとしても自分らしく生きられることになり、人間はそこから幸福感が得られるようになっているのです。

動けるような状態になったら何がしたいのかを問い続け、それがお祭りで神輿を担ぐことであることを見出し、実質的に引きこもり状態にあったAさんの身体能力を回復させ、本人の希望を達成するという一連の流れは、介護本来のあるべき姿を示しているとは言えないでしょうか。

先回りしますが、これは理想に過ぎません。私自身、このような考えを得るに至ってもなお、日々の介護に煩わされ、介護があることに恨みさえ持っている状況そのものには変化はありませんでした。ただ、**介護にはたしかに、少しではあっても、ポジティブな面があることだけは、否定できなくなった**のです。

中核症状と周辺症状の違いを理解し、周辺症状に挑む

いかなる病気であっても、そこには中核症状と周辺症状があります。中核症状とは、その病気そのものが生み出す症状です。周辺症状とは、その病気の症状と、置かれている環境の相互作用によって二次的に生み出される症状です。

例えば、あなたが風邪になったとします。熱もあり、頭がガンガンします。それにもかかわらず、大切な仕事があって、自宅でパソコンに向かっていました。ここで、熱や頭痛は、風邪という病気の中核症状です。

そうして風邪の中核症状に苦しんでいるところに、上司から電話がかかってきました。「きみ、いつまで時間かけているの？　はやく資料だしてよ！」と言われたとします。この資料は、そもそも上司が顧客から依頼されたものです。しかし上司は依頼されていたことを忘れていて、昨日になっていきなりあなたに丸投げされたものでした。辛いですが、上司のこうした態度は、普段から、よくあるものだったとしましょう。いつもなら、我慢できることでした。

しかしあなたは、電話を切った後、近くにあったゴミ箱を蹴り上げ、机を叩きました。普段のあなたなら、そんなことはなかったのです。ただ、風邪の中核症状によってイライラしていたため、こうした行動を取ってしまったのです。

ゴミ箱を蹴り上げたり、机を叩いたりする行動は、風邪の苦しみと置かれている環境が相互作用によって生み出した周辺症状ということになります。そもそも風邪でなければ、この周辺症状はなかったのです。

いかに優れた介護であっても、中核症状を解決することは困難です。そこは、医師や医療系の専門職の仕事になります。

しかし**介護には、周辺症状をコントロールするという大事な命題**が残されています。高齢者ともなると、何らかの病を抱えることも多くなってきます。そうした場面では、**中核症状に向かう医療よりもむしろ、周辺症状を扱う介護こそが重要**になってくるのです。

例えば、先の風邪の例です。上司の電話が「風邪で辛いところ、資料お願いしちゃってごめん。僕のほうでなんとかするから、きみは寝ていて。はやく風邪を治してね。僕は、きみにいてもらえないと、本当に困るんだよ……」と言われたらどうでしょう。

それでも風邪の中核症状は変わりません。ですが、ゴミ箱を蹴り上げたり、机を叩いたりするでしょうか。しませんね。むしろ、風邪の苦しみが少し和らいだ気分にもなり、資料を作成するモチベーションまで高まり、身体にムチを打って資料を作成してしまうかもしれません。

この風邪の例は、介護の事例ではありません。しかし介護の場面でも、この風邪の例と同様の周辺症状が見られるのです。

優れた介護では、周辺症状が上手におさえられ、要介護者は、中核症状による苦しみはあっても、自分なりの幸福を追い求めることが可能になります。

親の介護においても、要介護者の心身の障害は中核症状です。ここは、家族ではどうにもなりません。医師や医療系の専門職にお願いすることになります（祈るしかありませんが、運がよければ中核症状が回復する可能性もあります）。

しかし、心身の障害を得た親にも、自分らしい人生を求めて頑張り「生きていてよかった」と感じられる瞬間を届けたいとは思いませんか？

それを実現するのが介護であり、そのために日々勉強を重ねているのが介護職（介護のプロ）なのです。

社会福祉の理想であるノーマライゼーションに参加する

ノーマライゼーションは、社会福祉について考えるとき、最も重要な概念の一つとして学ぶものです。ですが、普通に家族の介護をしていても、あまり耳にすることはない言葉でもあります。繰り返しになりますが、私たちの多くは、介護の素人です。素人は、ほとんど定義として、その領域における理想を知りません。

ノーマライゼーションは、福祉系の学校ではもちろん、介護系の国家資格の本にも、一番はじめに紹介されることが普通の理想です。それだけ本質的で、できるだけ多くの人に理解してもらいたいということなのでしょう。

東北福祉大学のHPより、ノーマライゼーションの定義を引用してみます。

ノーマライゼーション（Normalization）」とは、障害者（広くは社会的マイノリティも含む）が一般市民と同様の普通（ノーマル）の生活・権利などが保障されるように環境整備を目指す理念です。こういうとすばらしく聞こえますが、逆にいえば、このような思想が出る背景には、障害者を取り巻く環境は、普通ではなかった（アブノーマル）ということなのです。

ノーマライゼーションの背景には、心身になんらかの障害を抱えている人たちの「ただ普通でありたい」という願いがベースにあります。ただし、あまりにも本質的な概念であるため、ときに哲学的でもあり、かえって理解しにくいものになっている感じが否めません。

こういうときは「○○とは何か？」と問うばかりではなく、「○○は何とは違うのか？」という否定で考えると、少しだけ話がクリアになることがあります。

ノーマライゼーションは障害を抱えている人たちの訓練をして、できるだけ普通（ノーマル）の生活ができるようにサポートするということ……ではありません。こうした自立支援の方向性も、介護において大事な考え方です。しかしこれは、ノーマライゼーションとは違う概念です。ここは大変に誤解の多いところなので、注意してください。

ノーマライゼーションとは、社会的マイノリティが、哀れみの対象として社会から下に見られるのではなく、社会側の認知を高め、社会環境のほうを社会的マイノリティが普通に暮らせる方向に整備していこうという概念なのです。

例えば、車椅子生活をしている人に障害があるという考えは、古くて使い物にならないものです。そうではなくて、車椅子生活であるだけで不便が発生する社会の側にこそ、障害があるというのが、ノーマライゼーションの考え方なのです。

ノーマライゼーションの運動を牽引した故ベンクト・ニィリエ（Bengt Nirje）は、ノーマライゼーションの考え方を八つの原則として示しています。高知市の障がい福祉課のHPより、その八つの原則を引用します（一部、句読点など修正しています）。

この八つの原則を読むと、ノーマライゼーションとは、そもそも基本的人権のことなのだということを思い知らされます。この原則が書かれたのは、今から50年近く前のことなので、性的マイノリティへの配慮がなかったり、話が知的障害に限定されていたりする部分もありますが、それでもなお、意味のある提言だと思います。

◇ノーマライゼーションとは、一日の普通のリズム

朝ベッドから起きること。たとえ君に重い知的障害があり、身体障害者であっても、洋服を着ること。そして家を出、学校か、勤めに行く。ずっと家にいるだけではない。朝、君はこれからの一日を思い、夕方、君は自分のやり遂げたことをふりかえる。

一日は終わりなく続く単調な24時間ではない。君はあたりまえの時間に食べ、普通の洋服を着る。幼児ではないなら、スプーンだけで食べたりはしない。ベッドではなく、ちゃんとテーブルについて食べる。職員の都合で、まだ日の暮れぬうちに夕食をしたりはしない。

◇ノーマライゼーションとは、一週間の普通のリズム

君は自分の住まいから仕事場に行き働く。そして、別の所に遊びに行く。週末には楽しい集いがある。そして月曜日にはまた学校や職場に行く。

◇ノーマライゼーションとは、一年の普通のリズム

決まりきった毎日に変化をつける長い休みもある。季節によってさまざまな食事、仕事、行事、スポーツ、余暇の活動が楽しめる。この季節の変化のなかでわたし達は豊かに育てられる。

◇ノーマライゼーションとは、あたりまえの成長の過程をたどること

子どもの頃は夏のキャンプに行く。青年期にはおしゃれや、髪型、音楽、異性の友達に興味を持つ。大人になると、人生は仕事や責任でいっぱい。老年期はなつかしい思い出と、経験から生まれた知恵にあふれる。

◇ノーマライゼーションとは、自由と希望を持ち、周りの人もそれを認め、尊重してくれること

大人は、好きなところに住み、自分にあった仕事を自分で決める。家にいてただテレビを見ていないで、友達とボーリングに行く。

◇ノーマライゼーションとは、男性、女性どちらもいる世界に住むこと

子どもも大人も、異性との良い関係を育む。十代になると、異性との交際に興味を持つ。そして大人になると、恋に落ち、結婚しようと思う。

◇ノーマライゼーションとは、平均的経済水準を保証されること

誰もが、基本的な公的財政援助を受けられ、そのための責任を果たす。児童手当、老齢年金、最低賃金基準法のような保障を受け、経済的安定をはかる。自分で自由に使えるお金があって、必要なものや好きなものが買える。

◇ノーマライゼーションとは、普通の地域の普通の家に住むこと

知的障害だからといって、20人、50人、100人の他人と大きな施設に住むことはない。それは社会から孤立してしまうことだから。普通の場所で、普通の大きさの家に住めば、地域の人達の中にうまくとけ込める。

介護という文脈でこの八つの原則を考えてみると、要介護者を介護施設（特に老人ホームに代表される入居型の施設）にとどめておくことは、決して理想的とは言えないことが明確になります。

だからといって、要介護度の高い、重すぎる介護の負担を周囲に強いるような人を、ただ家族の犠牲のもとに置くような在宅介護も間違っています。**理想は理想であって、現実的な課題の解決から目をそらすことはできません。とはいえ、理想がないかぎり、社会レベルでの変革もないでしょう。**

飛行機をいくら改善しても、月にはいけません。しかし月を理想の目的地としたアポロ計画は、今から50年以上も前の1969年7月20日に、理想を達成しています。いつの日か、介護施設という発想自体を「過去の野蛮なもの」として振り返るときが来るのかもしれません。そもそも、認知症などの特定の症状を見せる人を隔離する（施設の外側から鍵をかける）という考え方自体が、差別的であり、将来の世界において、必ず否定されるものになるでしょう。

　そして、介護に関わる私たちは、ノーマライゼーションがやってくるのを待っている立場ではありません。私たち自身が、ノーマライゼーションの理想に近づく行動を起こしていく側にいます。もちろん、無理のない範囲でのことであり、このために自分の人生を犠牲にする必要はありません。

　また、こうした活動をしていると、心ない人から、嫌なことを言われたりもします。しかし私たち人類は、そうした嫌がらせに屈しないからこそ、発展してきたことも忘れてはなりません。価値の高い変革は、ほぼ例外なく、過去の人々から批判されるものなのです。

指針2
親と自分についての理解を深める

認知症を覚悟しておく必要がある

人口ボリュームの大きい団塊の世代が、2025年には75歳以上の後期高齢者となります。75歳以上の後期高齢者になると、急に介護を必要とする人が増えます。よって2025年が、介護問題の爆発の年となるのです（2025年問題）。厚生労働省は、この2025年には、認知症に苦しむ人が700万人を超えると予想しています。さらに、認知症の予備群である軽度認知障害（MCI）まで含めると、その数は1300万人を超えるという予想もあります。[1]

そもそも、それ以前には健康だった人に介護が必要となる理由のNo.1が、認知症です。そんな認知症は、記憶の障害をともなう判断力の低下など、多くの課題を引き起こすものです。

特に、在宅介護において認知症があると、介護者（家族）の対応は本当に大変になります。何よりも、認知症の症状の中には「昼夜の逆転」ということが頻繁にみられることが問題です。同居している場合は、睡眠時間が削られ、睡眠の質が下がることも確実なのです。

こうした認知症が原因である（と考えられる）行動上の障害のことを、国際的にはＢＰＳＤ（Behavioral and Psychological Symptoms of Dementia）と言います。日本では「認知症の行動・心理症状」と翻訳されることが多いようです。

本題に入る前に、まずは、認知症についての認識を深めるため、ややくどいかもしれませんが、このＢＰＳＤについてもう少し考えてみます。

ＢＰＳＤの現れ方は、認知症の人ごとに異なります。このため、なかなか一般的な対処法が生まれてこないことが、とても難しい問題として認識されています。少なからぬ人が「こうすればいい」と発信しますが、それが、すべての認知症に効果があるということはなく、これもまた混乱の原因となっています。

対処法はともかくとして、まずはBPSDを分類することから始めてみます。これを大きく4つに分類している論考[2]があるので、それを参考に、以下にまとめてみます。

①易刺激性（いしげきせい）とは、ちょっとしたこと（刺激）で、不機嫌になるようなBPSDです。これは、アルツハイマー病の初期や、認知症には至っていない軽度認知障害（MCI）にも見られます。自分の物忘れのひどさなどを自覚した人は、将来を悲観したり、不安になったりします。そうした焦りのような感情に常にとらわれることで、ちょっとしたことでも激しく怒るような状態になるようです。

ここで、ひどい物忘れを他者から直接的に指摘されたりすると、易刺激性から病的な焦りや興奮へと発展してしまいます。さらに悪くなると、身体に触れられることを嫌がったりして、興奮から暴言（大声で叫ぶ、ののしる）、暴力（叩く、蹴る）、拒絶、そして自分が介護されることへの強い抵抗を示すこともあります。

②精神障害の症状の要素が関わる症状もあります。自分に異常があるという認識がない（病識がない）状態で、矛盾や異常性に気がつくことなく行動してしまうというBPSDです。

アルツハイマー病の場合、記憶障害や、時間感覚の誤認などを背景にしていることが多いようです。徘徊（他者から見ると、無目的にウロウロしているように感じられる状態）などにもつながります。特に、自分の大事にしているものが何者かに盗まれたという「ものの盗られ妄想」は、この症状でよく見られるものです。

この病状が進行すると、テレビと現実の区別がつかなかったり、配偶者などが他人と入れかわっているように感じられたりと、様々な妄想が出現してしまいます。

パーキンソン病の場合、本来は、身体の緊張が低下している睡眠時に、こうした緊張の抑制が起こらず、夢の精神活動が行動に表出されてしまい、寝言、叫び声をあげる、激しく体を動かす、壁を殴る蹴るといった行動が見られることがあります。

③不安、同じ質問の繰り返し、うつ病など感情障害が関わる症状もあります。

アルツハイマー病における不安は、自らの記憶障害を自覚するとすぐに出現します。軽度認知障害（ＭＣＩ）の段階でも、約15％の人にこうした不安が認められているそうです。

記憶の障害によって、過去と現在、現在と未来のつながりが失われます。また、自分自身の言葉に矛盾を感じ、自信を失い、そして不安になり、何度も同じ質問を繰り返すといった状態にもなります。

進行すると、不安感から、介護者（家族）から一時も離れようとしなくなる例もあります。将来への不安、焦りから、うつ病に至ってしまうこともあります。ただ、病気が進行すると、自分が認知症であるという認識も消えるため、こうした症状が原因となるうつ病も減少していくようです。

④感情がなくなる、食行動異常など、アパシーと呼ばれる症状もあります。興味や意欲が極端に低下し、置物のようになる状態です。

アルツハイマー病では、初期段階からすでによく見られる症状とされます。趣味や社会活動への関心が薄れるだけでなく、自分の周囲に対しても興味を失ってしまいます。

アパシーとうつ病は、専門家でもその判断に悩むことがあるそうです。現実には、この両方が混在していることも多いのでしょう。これが、食行動異常として、食べられないものを食べる異食や、異常な量を食べる過食、逆に食べないという拒食といったことにつながることもあります。

親には名前があり、その名前での人生がある

あなたは、自分の父親の元カノ（昔付き合っていた女性）を知っているでしょうか。母親の元カレ（昔付き合っていた男性）を知っているでしょうか。

父親や母親には、あなたを授かる以前にも人生があり、そのときの人生もまた、あなたの現在の親を形作っているのです。

特に親が認知症になった場合の介護では、そうした過去も含めて、親の人生そのものに対する理解が重要になります。 なぜなら、認知症になると、今日のことは忘れてしまうのですが、昔の記憶はしっかりと残っていたりするからです。

例えば、認知症になった母親が、毎日、夕方の16時になると自宅からいなくなってしまうという事例がありました（実話ですが、プライバシーに配慮して、一部事実とは異なる脚色がなされています）。いわゆる徘徊です。

こうしていなくなった母親は、数時間後に自分で帰ってくることもあるのですが、行方不明になってしまい、後になって警察から連絡が入ることもありました。この母親と同居

して介護をしていた息子は、毎日、16時までに自宅に帰る必要に迫られ、介護離職をすべきかどうか、とても悩んでいました。

息子は、16時になると自宅を出ていこうとする母親を毎日叱っていました。「出てはだめだ！　また警察のお世話になるのか！」という具合です。すると母親は、この息子に暴力をふるい、わめくようになりました。息子は、暴力をふるう母親のことを、介護職に任せることはできないと考えました。息子は、そうして地獄の16時を、毎日、自宅で過ごしていたのです。

認知症になると、意思の疎通は困難になります。ですから「どうして、毎日16時に外出しようとするの？」と母親に聞いても、答えは返ってはきません。悩んだ末に、息子は、ベテランの介護職に相談しました。

その介護職は、息子の伯父（母親の兄）に連絡をとりました。そして、16時という時間についてのヒントをもらったのです。息子の伯父によれば、その時間は、まだ幼かった頃の息子が、幼稚園のバスに乗せられて帰ってくる時間ではないかとのことでした。

そこで、このベテランの介護職は、16時になって自宅から出ていこうとする母親に対して「今日は、息子さんは幼稚園のお泊まり会で、帰ってきませんよ。バスも今日は来ませんよ」と伝えました。このとき、幼稚園のお泊まり会に関する通知（の偽物）まで作ってありました。母親は、通知を見ながら「そうだったかね？」と言い、部屋に戻っていったのです。

母親は、昔の鮮明な記憶の世界において、毎日16時に、幼い息子を迎えに行っていたのです。それは、他人から見たら徘徊にすぎないのでしょう。

しかし、この母親にとっては、愛する息子に寂しい思いをさせないための当然の行動だったのです。それを止めようとする存在は悪であり、暴力をふるってでも戦うべき敵に見えていたとしても、当然のことです。

これ以降は、16時には介護職が自宅に来て、毎日、同じ（偽の）説明を繰り返すだけで、母親は勝手に自宅から出なくなりました（その代わり介護職に付き添われての買い物などを楽しんでいます）。息子は、仕事を早退する必要がなくなり、地獄の16時は綺麗さっぱり終わったのです。それどころか、この息子は、16時になると、自分は母親に深く愛されていたことを思い出すようにもなりました。**ネガティブな介護が、ポジティブな何かに変**

化した瞬間でもあります。

認知症という中核症状は、治ってはいません。しかし、決まって16時に徘徊しようとし、それを止めると暴力をふるわれるという周辺症状は消えています。この母親からは、息子が寂しい思いをするという不安もなくなっているでしょう。

息子の仕事と介護の両立も進んでいます。もちろん、母親が認知症だからといって、嘘を信じ込ませてもいいのかという倫理的な問題は残ります。それでもなお、関係者の皆が安心して、穏やかに暮らせるようになったという点は評価されて然るべきでしょう。

この実話において、もし、伯父が16時の意味に気づかなかったらどうなったでしょう。認知症の周辺症状としての徘徊や暴力は、おそらく、消すことができなかったと思われます。

優れた介護を実施するには、親の人生について、この細かさ（解像度）での情報が必要になるわけです。可能であれば、**認知症になる前に、そうしたことを親から直接聞けていると理想的**です。

最も悲しいのは、親が死んでから、葬儀場で、親族から、知らなかった親の一面についての話を聞くことです。また、写真の整理をしていて、親の中学時代の集合写真などを見たとき、どれが自分の親なのかわからないということもとてもつらいものです。

自分という人間が生まれた背景には、どのような親の人生があったのか、できるだけ親が元気なうちに、聞いておくべきだと思います。そこにはきっと、自分と同じことに悩み苦しんだり、また、同じことに喜んだ人生があるはずです。

これは単なる感情論ではなくて、介護離職や介護によるパフォーマンス低下を避け、周辺症状を上手におさえた、より優れた介護を実現するためにも必要なことなのです。

目標のある人生を歩むということ

介護の計画のことを特にケアプランと言います。一般には、公的資格であるケアマネジャー（介護支援専門員）の資格を持っている人が作成します。

このケアプランの要になるのは、短期目標と長期目標です。簡単に言えば、それらは生きる目的であり、必要があればこそ辛いリハビリも頑張れるのです。ケアマネジャーの質は、この短期目標と長期目標の立て方で決まるとも言われます。

親の介護において注目すべきところも、こうした目標です。心身の障害によって限定されてはいても、人間は幸福のうちに生きることが可能です。**そうした限定があってもなお、何をしたいのか、どういう目標を持って生きたいのかは、非常に重要なこと**です。

定年退職をするまでは、目標というのは、ある程度までは、周辺が決めてくれたかもしれません。それらは職場の上司から言い渡された目標だったり、社長になるという夢のような目標だったかもしれません。いつか、家族と一緒に海外旅行をしたいという目標もあったかもしれません。

こうした目標は、今という時間を、将来のための手段にします。将来における何かを目標とすればこそ、今は辛いことでも、なんとかそれを克服したいという気持ちにもなれるのです。

しかし目標を失ってしまえば、人間には今しかありません。その今が、心身の障害に苦しむばかりであれば、なんのためにこの理不尽な世界で嫌な思いをしながら生きているのかがわからなくなります。

先の神輿を担いだAさんの事例を思い出してください。神輿を担ぐという目標があればこそ、Ａさんと介護職は、意義のあるコミュニケーションをすることができました。また、苦しいリハビリも乗り越えることができました。そして、その目標を達成することにより、Ａさん自身だけでなく、周囲の人々まで幸せな気分になれたのです。

目標がある人を支援することは、比較的容易です（もちろん、目標の難易度にもよりますが）。しかし目標がない人の支援をするには、そもそも、どのような支援が、どうして必要になるのかというところからして混乱するものです。

試合のない練習は、ただどこまでも辛いだけです。生きることには、多くの困難がともないます。しかし、それが**「どこにつながっているのか」がわかれば、困難を乗り越えることの中に、喜びを見出すことも可能になる**のです。

指針3
人生に選択肢がある状態を維持する

「仕事を辞める」しか選択肢がないと考える場合

仕事を辞め、自分で親の介護をする以外の選択肢を持たないとき、あなたの幸福は確実に失われます。なぜなら、先にも述べたとおり、選択肢のない人生において、あなたらしさは発揮されないからです。

その状態では、自分はどうありたいのかという価値観を問うことが無意味になります。選べないのですから。そして、自分は、このたった一度の人生でどう生きていきたいのかと問うことが無意味になったとき、私たちは自分の人生そのものに疑問を持つようにもなるでしょう。

この状態に至った場合、介護が必要なのは、あなたの親ではなく、あなた自身ということになります。**誰かに介入してもらい、自分で親の介護をする以外の選択肢を得る必要が**あります。

そして、**そこに介入してくれるのが介護のプロ（ケアマネジャーやヘルパーなど）であること**は言うまでもありません。

あなたが、親の介護をしながら幸福になるためには、そのときに求められる親の介護を自分でやるのか、それとも介護のプロに任せるのかが選べる状態を維持することが重要になります。これが選べなくなったとき、あなたは不幸になるし、親もまたそれによって不幸になります。

最後の最後で、親のために介護離職をするくらいなら、親に介護施設（または医療施設）に入所してもらったほうが賢明かもしれません（もちろん、ケースによってはそうではない可能性もありますが）。ノーマライゼーションの理想には反しますが、そうした施設には介護のプロがいますので、親の自立については、あなたが介護離職をして介護をするよりは優れた状態を維持できます。

また、本当に限界ということになった場合、思い出してもらいたいことがあります。それは、**身寄りのない高齢者であっても、介護を受けながら、自分らしく暮らしている人も**

少なからずいるという事実です。

「自分がいなければどうにもならない」というのは、本当でしょうか。身寄りがなくても介護を受けながら生きている人が多数いるとするなら、それは事実ではない可能性があります。

選択肢としての「生活保護」について

ここで、本当に苦しい状態になったときの選択肢として、生活保護について、少し詳しく述べておきたいと思います。

日本では、全人口の1・6%しか生活保護を受給していません。これは、**先進諸外国と比較しても、相当に低い数字**です。例えば、ドイツでは9・7%、イギリスでは9・3%、フランスでは5・7%が生活保護を受給しています。

この原因としては、日本の場合は、本来であれば生活保護を受給すべきなのに申請していないか、申請しても却下されている人が多いからとされます。

専門的には捕捉率と言って、生活保護が必要な人の何割が実際に生活保護の支給を受けているかという評価基準があります。この評価基準では、日本は15〜18％程度の捕捉率になります。

これは、ドイツの65％、イギリスの47〜90％、フランスの92％と比較しても、かなり恥ずかしい数字と言えます。[3] 生活保護は正当な権利ですから、必要であれば、誰もが使える状態でなければなりません。

日本では、生活保護というとすぐに不正受給の話になりがちです。しかしデータからは、日本における不正受給は、全体の0・4％程度にすぎないことがわかっています。

もちろん不正受給はよいことではありません。しかし、大多数の生活保護は、本当に必要だから受給しているというのが実情なのです。

日本には、おかしな空気もできています。例えば過去、芸能人の親が生活保護を受けていて問題視されたことがありました。しかし、日本の民法では、強い扶養の義務（生活保持義務）が発生するのは、夫婦間と、親による未成年の子どもに対するものだけです。成人した親子の間には、お互いに対する強い扶養の義務は発生しないのが日本の決まりなのです。

仮に、自分が普通の生活をしているとします。そして親の財産がなくなり、生活ができなくなった場合は、**自分のお金を持ち出すのではなく、親が生活保護を受給するということも検討すべき**なのです。それに問題を感じるのであれば、ワイドショー的な野次馬アプローチではなくて、きちんと法改正に向けた動きをすべきところです。

たしかに、生活保護のための費用が大きくなると、国の財政を圧迫する可能性も出てきます。しかし、日本における生活保護のための費用はＧＤＰの０・５％にすぎません。これは、ドイツの３・４％、イギリスの２・８％、フランスの３・９％、そしてＯＥＣＤ平均の３・５％と比較しても、極端に小さな数字です。

また、生活保護で受給できる金額が、最低賃金や年金よりも大きいという不満を見かけることもあります。しかしこれは、逆に、最低賃金や年金の金額のほうが安すぎるという方向に考えなくてはいけないのではないでしょうか。

介護をしていると、生活保護の存在が身近に感じられるようにもなります。親に生活保護を受けてもらうという視点もあれば、介護離職をしてしまい、自分の生活が困窮した結果としての生活保護の申請もあるでしょう。

たとえ自治体の窓口で冷たくあしらわれたとしても、生活保護は、当然の権利です。必要であれば、申請をためらわないようにしてください。

生活保護は、人生の選択肢を増やすための一時的な手段です。そうしてまた、一時的な生活保護によって自分の人生を確立したら、生活保護から卒業すればよいのです。

高齢者福祉の3原則（アナセンの3原則）

デンマークでは、1979〜1982年の間に、党派を超えた高齢者問題委員会が設置されています。この最後の1982年に、世界的に有名な「高齢者福祉の3原則」が打ち出されました。この委員会の委員長が、ベント・ロル・アナセン（Bent Rold Andersen）氏です。

この「高齢者福祉の3原則」をはじめとして、デンマークの高齢者福祉に対して、アナセン氏が与えた影響は大きいと考えられています。そのため「高齢者福祉の3原則」は、ときに**「アナセンの3原則」**とも呼ばれることがあります。

アナセン氏は、デンマークのコペンハーゲンで生まれ（1929年）、コペンハーゲン大学を卒業後、福祉省に入省しています。後に、母校であるコペンハーゲン大学の准教授となり（1962〜1972年）、ロスキル大学の教授にもなりました（1972〜19

75年）。高齢者問題委員会の委員長を務めた後は、福祉大臣にもなっています。
この高齢者問題委員会が打ち出した「高齢者福祉の3原則（アナセンの3原則）」とは

①生活継続の原則
②自己決定の原則
③残存能力活用の原則

です[4]。これらは、現代の日本の介護においても、根底に流れる大事な哲学になっており、人生に選択肢を残しておくことの重要性にも強く結びついています。以下、それぞれについて、もう少し詳しく考えてみます[5]。

①生活継続の原則は、**いかに心身が弱り、厳しい状態になったとしても、その人の生活は、できるかぎり、それまでの生活が継続されるべきだという考え方**（aging in place）です。

これは、別の角度から考えると、老人ホームなどでの介護（施設介護）は理想ではないことを示しており、自宅での介護（在宅介護）を支持しています。

仮に施設介護が必要ということになっても、そもそもデンマークでは、そうした介護施設はあたかも普通の住宅のようになっています。そこでは、それまでの生活が少しでも継続されるように、使い慣れた家具などを自室に持ち込めるのです。

実は、高齢者が生活環境を変えることには、現役世代が想像する以上のストレスがあり、様々な病気（特に認知症）が悪化することが知られています（リロケーションダメージ）。便利だから、都合がよいからと安易な理由で、過去の生活を断ち切ってしまわないような配慮が必要なのです。

②自己決定の原則は、**いかに心身が弱り、厳しい状態になったとしても、生き方や暮らし方については、あくまでも自分で決定すべきであるという考え方**です。

本人がどうしたいのかという意思が最も重要であるという考え方自体が、日本ではあまり根付いていない可能性もあるので、特に意識する必要があります。実際に、日本の場合は、周囲に迷惑がかかるとか、親の教育方針とか、他の人の意見を尊重するといった考えが浸透しすぎていると感じます。

今晩の食事を尋ねられても「なんでもいい」と回答するのは、決してよいことではありません。自分の人生を自分で決めるというのは、その成功も失敗も、責任はすべて自分にあるという文化の存在が前提になります。この部分については、デンマークの考え方を、そっくりそのまま日本の高齢者に当てはめるというよりも、日本の文化が変化していかなくてはならないのかもしれません。

③残存能力活用の原則は**「できないこと」をケアするのではなく、まだ「できること」を認め評価するという考え方**です。デンマークでは「手を差し伸べる」のではなくて「背中に手をまわす」ことが大切とされます。

日本のおもてなし（ホスピタリティー）の考えでは、相手の求めることを先回りして行うことがよいとされます。しかしこれは高齢者福祉の場面では逆に働いてしまう可能性があります。

本人が自分でできることまで先回りしてしまうと、まだ残されている能力が弱体化してしまう可能性が高いからです。あくまでも介護業界における噂レベルの話ですが、ホテルのように豪華な高級老人ホームでは、認知症が進んでしまうと言われることもあります。

デンマークでは「介護が必要な人」に対して至れり尽くせりのサービスを届けるのではなく「生きる主体性を持った大人」に対して自分のことは自分で行ってもらうという「当たり前」が大切にされているのです。

シーシュポスの神話

カミュの著作に『シーシュポスの神話』(新潮社)という短編があります。私には、2000年ごろ、インターネットの掲示板でとても仲よくなった人(ハンドルネーム：イトさん)がいました。彼とのチャット中、最も好きな本の話になり、私は彼にこの短編を紹介してもらったのです。そうしてこの短編を読んでから『シーシュポスの神話』は、私にとって、とても大切な一冊になっています。

主人公であるシーシュポスは、なんらかの理由によって、神々から怒りを買ってしまいます。そのためシーシュポスは「岩を山頂まで押して運ぶ」という罰を受けます。

岩は、シーシュポスがそれを山頂に運び終えたと思った瞬間に、山の下まで転がり落ちます。シーシュポスは山を下りて、また、同じ岩を山頂まで押して運ぶということを繰り返すのです。

神々がシーシュポスに与えたのは、これが永遠に続くという不条理な罰なのです。シーシュポスは、しかし、山を下りていくときに、自分の思考が自由であることに気がつきます。シーシュポスは、自分がこの岩よりも強いことを自覚し、神々の罰が無効であることを確認するのでした。

この『シーシュポスの神話』が問いかけるのは、自分ではどうにもならない制約の中で（神を恨みたくなるような状況にあって）人間は自由を獲得できるのかということです。

これと同じテーマを取り扱った本としては、ナチス・ドイツの収容所を生き延びたユダヤ人の精神分析学者であるヴィクトール・E・フランクルによる『夜と霧』（みすず書房）が有名です。

ナチス・ドイツの収容所では、多くの人が死んでいきました。その中を生き抜いたフランクルがたどり着いたのが「ここで必要なのは、生きる意味についての問いを百八十度方向転換することだ。わたしたちが生きることからなにを期待するかではなく、むしろひたすら、生きることがわたしたちからなにを期待しているかが問題なのだ」という考え方だったのです。

介護もまた、その程度にもよりますが、**私たちの人生に太くて重い鎖を巻きつけてきます。**それは大きな制約であり、ケースによっては、収容所と言ってよいような場合もあるでしょう。**そうした状況において、人間はどのように振る舞うことができるのかに悩む人々**が『シーシュポスの神話』や『夜と霧』を読んできました。

その読者にすぎない私たちが、シーシュポスやフランクルのように振る舞えるかはわかりません。ただ、置かれている状況に絶望ばかりしているのは、よいことではないはずです。環境そのものを変化させる余地がなく、大きな制約は変えられないとしても、私たちには、自分の絶望と戦う余地が残されています。

シーシュポスの場合は、永遠という時間の中で、神々でさえ絶望としか感じられない環境が与えられました。しかし私たちの介護は、決して永遠に続くものではありません。それがいかに長期であっても、介護にはいつか、必ず終わりがやってきます。

ナチス・ドイツの収容所にいたフランクルの苦しみにも、終わりがありました。そして収容所から出たフランクルは『夜と霧』を書き残しました。

あなたは、あなたの介護が終わったとき、どのような物語を書くのでしょう。いつか、私にもその物語を読ませてください。それはきっと、介護に苦しむ多くの人々にとって、救いの物語に違いありません。

管理職への道をあきらめるとき

介護は、基本的には、誰もが、定年までには巻き込まれるイベントになってきています。現役世代1人あたりが関わる高齢者の数が、これから、劇的としか言えない速度で増えていくからです。

介護の始まるタイミングが悪いと、中間管理職への昇進をあきらめたり、場合によっては役員のオファーを断ることになるケースもあるでしょう。あまり、表には出ませんが、そうした場面に直面した人を、私は複数人知っています。

経営者や人事は、これを問題として考えてはいます。しかし、何か本質的に有効な対策が取られているわけではありません。どんなに支援の重要性を言いたてたところで、組織のリーダーになっていくということは、その責任と報酬に見合った犠牲が強いられるのは、仕方のないことだからです。

ここ一番のトラブルで、ビジネスの現場にいられないことは、責任をまっとうできないことにもなります。そうしたことを考えると、介護が始まるタイミングによっては、どうしても受けられない昇進や昇格というのが（今はまだ）存在してしまうのです。

とはいえ、少しずつではあっても、介護をしながら働くビジネスケアラーが増えてきています。その中で、介護に対する社会全体の理解が深まっていきます。そして介護をしながら、普通に昇進や昇格をしていけるような社会になるのは、その後の話になるでしょう。

本当に先進的な企業は、正しい方向に社会を変えるために、リーダーシップをとって、こうした環境を自ら先取りできるものです。ただ、自分がそうした企業の従業員である確率は、決して高くはないと考えるべきだと思います。

現実的には、介護が始まれば、管理職への道はいったん忘れ、仕事と介護が両立できる環境の整備に集中することも検討してみる必要があります。運よく介護が安定するまでの期間が短ければ、また再び管理職を目指すことも可能になるでしょう。ただ、そもそも先が見えないのが介護の特徴でもありますから、それほど楽観的にもなれません。

見えない未来を、自分に都合よく解釈して、それを前提にキャリア設計するのは、やはり無理があります。最悪のケースを想定するのも、ビジネスでは常に必要な態度でしょう。

であれば、介護が相当な負担になる場合、どう介護離職を回避し、両立させていくかという具体的な戦略が求められます。

とにかく仕事だけは、なんとしても続けないと、介護も続けられなくなります。**介護を理由とした退職は、よい結果にはなりません。ビジネスケアラーの道を選ぶべきです。**

であれば、介護の必要があるのなら、管理職としてのキャリアではなく、むしろスペシャリストとしてのキャリアを考えていく必要もあるでしょう。

「介護とは何か」を伝えられる存在に

特定分野の専門家として、いざとなれば独立できるようなレベルで、特定の知識を積み上げていくことが、離職のリスクを下げます。介護の対応で出社できないとき、細切れの時間であっても、資格の勉強などをしておきましょう。個人として、社内外の人からの信頼を得て、豊かな人脈を築いておきましょう。

そして、ここが最も重要なところですが、**会社の仲間たちに、介護とは何か、伝えられる存在になっていきたいところです。**可能なら、ロールモデルとして、会社内の介護の知識（エイジング・リテラシー）を高めるために、経営者や人事部に協力できたら最高です。それによって、いつかはまた、管理職への道も開けるかもしれません。

仕事と介護の両立は、かなり大変です。ビジネスケアラーとしてうまく両立していくことは難しいことかもしれません。

ただ、仕事と介護を同時にこなしているからといって、死ぬわけではありません。**仕事の専門性を高めながら、介護そのものについても学び続けていくことが、私たちが具体的にできることのすべて**です。悩んでも仕方がないことなのです。

不運を嘆いても、未来は変わりません。自分でコントロールできることを、しっかりとコントロールすることで、開けてくる世界もきっとあるはずです。

（1）Yahoo! ニュース、『日本社会が直面する、認知症「1300万人」時代』、2017年3月25日

（2）高橋智、『認知症のBPSD』、日本老年医学会雑誌48巻3号（2011年）

（3）日本弁護士連合会、『今、ニッポンの生活保護制度はどうなっているの?』、2014年4月

（4）関龍太郎、『デンマークの高齢者福祉政策をささえるもの』、海外社会保障研究　Spring 2008, No.162
（5）猪狩典子、『デンマークに学ぶ高齢者福祉』、intelplace、#118、March 2013

おわりに

愛されているという驚きほど、神秘的な驚きはない。それは人間の肩に置かれた神の指なのだ。

――チャールズ・モーガン

ビジネスパーソンとしてキャリアを形成し、この社会に大きな足跡を残していくことは、とても大切なことだと思います。そのために、普段の私たちは、たくさんのことを我慢しながら、仕事を頑張っています。

ですが同時に「なんとも表現しがたい不安」にもとらわれてきたのではないでしょうか。

とはいえ、その不安の根源がなんなのか、立ち止まって考えているような余裕はありません。私たちは、そうしてまた、いつもと変わらない忙しさの中に埋没していくのです。

たまには休みたいという気持ちもあったでしょうが、それなりに充実した日々を過ごしてきたことでしょう。

親の介護は、そんなまったりと充実した日常を、ある日突然、破壊してしまいます。漠然と「いつかは介護することになるのかな」などと、のんきに考えてきたことが、一気にシビアな現実となります。それが「なんとも表現しがたい不安」の一部だったことに気づいても、時すでに遅しなのです。

それまでは当たり前にこなせてきた仕事が、介護に邪魔され、こなせなくなります。ニュースで話題になる「仕事と介護の両立」など、とても不可能なことに思われます。職場では、同僚に迷惑もかかります。はじめは同情してくれていた上司も、だんだんと厳しくなっていきます。そして、その職場で出世していくという「普通の道」は完全に閉ざされたと実感することになるでしょう。最終的には、会社を辞めることを深刻に考えるところまで行き着きます。

実は、これら一連の流れは、20代の頃から、ずっと私自身が経験してきたことです。私もまた、30年以上にわたる母親の介護を通して、こうした状態に長く苦しんできました。

私は、母子家庭の1人っ子として育ちました。私の母親は、私が物心ついたときから、長く精神障害を患っていました。私が大学生になり1人暮らしを始めてからは、母親もまた1人暮らしになってしまっていました。そして1人暮らしをしている間に、もともと不安定だった母親の精神状態はどんどん悪化していったのです。毎年2〜3回は入院し、数カ月後に退院するということを繰り返すようになってしまいました。

それでも、私が国内で仕事をしていた頃は、まだ、なんとか対応できていました。当時の私が勤務していた職場には、私が母親の介護をしていることを内緒にしていられたくらいです。

しかし、母親の入院費用がかさみ、普通に日本企業に勤務していては、とても介護のための費用が出せないという状況におちいりました。そこで、年功序列がなく、実力に見合った待遇が約束されている国外の企業への転職を考えるようになりました。そして2000年、私は27歳のとき、オランダ企業のオランダ本社にエンジニアとして転職しています。

オランダ企業に転職し、オランダで暮らすようになってからは、金銭的な問題は小さくなりました。しかし、オランダからの母親の介護は、本当に大変でした。ひどいときは、オランダから毎月のように日本に一時帰国をして、病院とのやりとりや、介護施設からのクレーム対応に振り回されたものです。ちょっとした地獄でした。

この介護のせいで、私は、いくつかのキャリアをあきらめています。ですから、想定していたキャリアを一切あきらめない介護など、実際には不可能であることを私は知っています。

私の場合は、最初に新卒で就職した日本企業を、とても好きだったのに辞めることになりました。また、永住権まで取得したオランダを離れ、うまくいっていたオランダでの仕事も離れて、日本に帰国することにもなりました。オランダで起業もしていたし、欧州特許弁理士（EPA）の資格取得の一歩手前までいっていました。どの選択にも、仕事と介護の両立が関わっており、それぞれが本当に苦渋の決断だったのです。

もちろん、こうした決断は、母親の介護だけにその原因を求めることはできません。特にオランダから日本に戻った背景には、オランダ文化のよいところを日本に輸入したいと思ったことや、技術のわかる天才的な経営者からヘッドハントされたことなど、複数の要因があります。とはいえ、それぞれの決断において、母親の介護が少なからず影響したことは間違いありません。

そんな母親の介護は、2022年末に終わりました。コロナで亡くなったので、死に目にも会うことができませんでした。今では「もっと良い介護を受けさせてあげられた」という後悔でいっぱいです。そうした後悔を少しでも減らしたいという思いで、私は今、仕事と介護の両立に苦しむビジネスケアラー支援を行う会社を創業し、その仕事に向き合っています。

過去には、母親の存在を何度も恨みました。「早く死んでもらいたい」と願ったことも数知れません。しかし現在の私は、大きな後悔とともに、母親の存在に深く感謝さえしています。「母親にキャリアの邪魔をされた」という認識は「母親にキャリアの呪縛から解放してもらった」というものに180度変化しているのです。

もちろん、母親の介護によって大変な思いをさせられました。ただ、そうした介護を通して変わったのは、人生の物事に優先順位をつけ、あきらめることはあきらめたうえで、仕事と介護を両立させるという私自身のあり方でした。

介護は、自分の人生との向き合い方を考える大きなきっかけです。専門的には、こうした厳しい経験を通して得られるよい変化のことを「心的外傷後成長（Post Traumatic Growth／PTG）」と言います。

そう考えたとき、私たちには、介護の経験から学び、自らをよい方向に変化させるか、変化を避けて介護を恨み続けるかという2つの道しか残されていないことに気づくと思います。そして、どうせ逃げられないのなら、介護の中に意味を見出し、自らのよい変化を生み出していきたいものです。その先には（今は見えないだけで）またあらたなキャリアの可能性も、きっとあるはずです。

人工知能の世界にはフレーム問題という言葉があります。これは、人工知能は特定のフレーム（枠組み）で囲われている範囲でしか機能しないことを示したものです。例えば人工知能は、将棋のルールを与え、勝つことを目標とさせてはじめて機能しはじめます。しかし人工知能は、計算の前提となるルールや目標を、自らの力で生み出すことはできないのです。

このフレーム問題は、何も人工知能の世界でだけ有効な概念ではありません。私たち自身も、親の介護が始まるまでは、ビジネスというフレームの中にしかいなかったのではないでしょうか。

そして人生の設計を、このフレームに沿って最適化してきたはずです。眠い目をこすって勉強をしてきたのも、似合わないリクルートスーツに身を固めたのも、すべては、このビジネスというフレームへの最適化のためでした。

親の介護は、このビジネスというフレームを、確実に無意味なものにします。長い年月をかけて最適化してきた環境も、大きく変化します。そして、過去に積み上げたことが無駄になったりもします。しかしこのとき、私たちの内部で燃え続けていた「なんとも表現しがたい不安」の原因も明らかになるでしょう。ここで「ビジネスは、人生のほんの一部にすぎない」という当たり前の事実の認識が起こるからです。

私たちは、ただ幸せに生きたいだけなのです。そして私たちの幸せは、愛する家族が笑顔のうちに生きられることにも大きく依存しています。

そうした視点を獲得し、いまいちどビジネスや介護について深く考えてみたとき、それらは（やっと）自分の幸福のために、どちらにも偏りすぎることなく最適化すべきものとしてあらたに立ち上がってくるのです。

ビジネスの世界で認められ、もっと偉くなりたいという価値観への過度な依存は、最も危険で、私たちから自由を奪うものです。その価値観の中では、他のすべての物事が、自分が偉くなるための手段になり下がるからです。

それは、私たちにとって最も重要な「愛」という視点を失うということと同義です。私たちにとって、偉くなることは、愛する人々と幸せに生きるための手段だったはずです。しかしいつしかそれが目的になってはいなかったでしょうか。それこそ「なんとも表現しがたい不安」の根幹ではないでしょうか。

親の介護は、子どもの人生が親の犠牲になるという話ではなく、親が子どもに与えてくれる重要な変化のチャンスかもしれないのです。親は自分の人生の最後の時間を使って、矮小で間違ったフレームにとらわれている自分の子どもを揺さぶり、子どもに真の自立をもたらすのだと思います。

最後になりましたが、本書の執筆にあたり、ご協力いただいた方々への感謝を示したいと思います。

まず、旧版刊行当時に企画編集を担当していただいた株式会社ディスカヴァー・トゥエンティワンの藤田浩芳さんおよび原典宏さん、新版の企画編集を担当していただいた千葉正幸さんと大田原恵美さんに、ここで厚く御礼させていただきます。

株式会社ケアワーク弥生の皆様、特に飯塚裕久さんと、小規模多機能型居宅介護ブライトの家の木村謙一さんには、介護経営と介護専門職の視点から、実際の介護事例を提供いただきつつ、本書の内容を精査していただきました。お忙しいところ、快く引き受けていただき、ありがとうございました。

株式会社リクシスにて、私とともに、介護離職と介護によるパフォーマンス低下のない社会を目指すすべてのメンバー、および株主の皆様の存在は、本書のコアとなる部分の形成に大きな影響を与えています。このプロジェクトがなければ、本書はまったく別のものになっていました。ありがとうございました。

本書に対して、素晴らしい推薦文を頂戴した安藤優子さんにも感謝の意を表したいと思います。私にとって安藤さんは、自分らしさを貫く強さと、他者に対する優しさを教えていただいた先生のような存在です。

そして、いつも私の活動を支えてくれている妻、娘、息子の存在に、最大限の感謝の意を表したいと思います。

2023年6月

株式会社リクシス代表取締役副社長

酒井 穣

株式会社リクシスのご紹介

本書の著者である酒井穣（さかい・じょう）が、マッキンゼーにて役員（アソシエイト・パートナー）を務めた佐々木裕子（ささき・ひろこ）と共に2016年9月に創業した、介護離職や介護によるパフォーマンス低下を防止することを目的とした企業です。

現在のところ（1)介護リスクをより正確に判定するアセスメントテストと個別に異なる必要知識をピンポイントで届けるHRシステム（2)人工知能との自然なやりとりを通して介護に必要な準備を進めるコミュニケーションツール（3)必要な介護の知識をピンポイントで届ける専門メディア、の3つを展開しています。これ以外にも、仕事と介護の両立環境を整備したいと願う企業のコンサルティングや研修を提供させていただいています。

従業員の介護離職や介護によるパフォーマンス低下を防止したいと考える企業や、自らの将来のために介護の支援を求めている個人はもちろん、私たちと共に、日本の介護離職を防止することに情熱をかけたいと考える人材からの連絡をお待ちしております。詳しくは、以下、株式会社リクシスのホームページをご覧ください。

http://www.lyxis.com/

また、介護のプロに無料相談ができ、ビジネスケアラーに役立つ情報満載の公式LINEもございます。ご興味をもたれましたら、ぜひ以下のコードからご登録ください。

ディスカヴァー携書
249

ビジネスケアラー
働きながら親の介護をする人たち

発行日　2023年7月21日　第1刷

Author　酒井 穣
Book Designer　遠藤陽一（DESIGN WORKSHOP JIN Inc.）
Publication　株式会社ディスカヴァー・トゥエンティワン
〒102-0093　東京都千代田区平河町2-16-1 平河町森タワー11F
TEL　03-3237-8321（代表）　03-3237-8345（営業）
FAX　03-3237-8323
https://d21.co.jp/

Publisher　谷口奈緒美
Editor　千葉正幸　大田原恵美

Marketing Solution Company　飯田智樹　蛯原昇　古矢薫　山中麻吏　佐藤昌幸　青木翔平　小田木もも　工藤奈津子　佐藤淳基　野村美紀　松ノ下直輝　八木眸　鈴木雄大　藤井多穂子　伊藤香　小山怜那　鈴木洋子

Digital Publishing Company　小田孝文　大山聡子　川島理　藤田浩芳　大竹朝子　中島俊平　早水真吾　三谷祐一　小関勝則　千葉正幸　原典宏　青木涼馬　阿知波淳平　磯部隆　伊東佑真　榎本明日香　王廰　大﨑双葉　大田原恵美　近江花渚　佐藤サラ圭　志摩麻衣　庄司知世　杉田彰子　仙田彩歌　副島杏南　滝口景太郎　舘瑞恵　田山礼真　津野主揮　中西花　西川なつか　野﨑竜海　野中保奈美　野村美空　橋本莉奈　林秀樹　廣内悠理　星野悠果　牧野類　宮田有利子　三輪真也　村尾純司　元木優子　安永姫菜　山田諭志　小石亜季　古川菜津子　坂田哲彦　高原未来子　中澤泰宏　浅野目七重　石橋佐知子　井澤徳子　伊藤由美　蛯原華恵　葛目美枝子　金野美穂　千葉潤子　西村亜希子　畑野衣見　藤井かおり　町田加奈子　宮崎陽子　青木聡子　新井英里　石田麻梨子　岩田絵美　恵藤奏恵　大原花桜里　蠣﨑浩矢　神日登美　近藤恵理　塩川栞那　繁田かおり　末永敦大　時田明子　時任炎　中谷夕香　長谷川かの子　服部剛　米盛さゆり

TECH Company　大星多聞　森谷真一　馮東平　宇賀神実　小野航平　林秀規　斎藤悠人　福田章平

Headquarters　塩川和真　井筒浩　井上竜之介　奥田千晶　久保裕子　田中亜紀　福永友紀　池田望　齋藤朋子　俵敬子　宮下祥子　丸山香織

Proofreader　文字工房燦光
DTP　株式会社RUHIA
Printing　中央精版印刷株式会社

ISBN978-4-7993-2974-0
（BUSINESS CARER・Joe Sakai）

携書ロゴ：長坂勇司
携書フォーマット：石間　淳